영웅적 조선 녀성의 성과 국가

북한 여성의 섹슈얼리티 탐구

영웅적 조선 녀성의 성과 국가

북한 여성의 섹슈얼리티 탐구

1판1쇄 발행 2020년 6월 25일

지은이 권금상
펴낸이 김형근
펴낸곳 서울셀렉션 ㈜
편 집 문화주
디자인 이찬미
마케팅 김종현

등 록 2003년 1월 28일(제1-3169호)
주 소 서울시 종로구 삼청로 6 (03062)
편집부 전화 02-734-9567 팩스 02-734-9562
영업부 전화 02-734-9565 팩스 02-734-9563
홈페이지 www.seoulselection.com

ⓒ 2020 권금상

ISBN 979-11-89809-27-0 03330

* 이 책은 한국연구재단의 인문저술지원사업 지원으로 출간되었습니다.
  (연구 번호: 2017S1A6A4A019222)

북한 여성의
섹슈얼리티 탐구

영웅적 조선 녀성의 성과 국가

권금상 지음

서울셀렉션

목차

들어가는 말

"북한 여성의 섹슈얼리티는 무엇인가?" 이것은 분단 체제에 갇힌 우리 모두를 향한 질문이다. 이 책은 섹슈얼리티 연구를 통해 북한 사회와 분단 문화를 통찰하고자 한다. 섹슈얼리티는 한 사회의 연애와 결혼, 출산, 성 문화의 자연스러운 풍습이나 풍경으로 나타난다. 그런데 그 자연스러움의 바탕에는 치밀한 인위성이 존재한다. 섹슈얼리티는 사실 권력에 의해 관리되며, 두터운 규범으로 구성되어 통치의 수단이되는 문화적 총화다. 이렇게 볼 때 북한 여성의 섹슈얼리티에 관한 질문은 북한 사회의 통치 문화와 권력의 작용에 관한 논의와 연결된다. 하지만 나는 이 물음을 그들에 관한 이야기로 한정짓고 싶지 않다. 이물음은 남북이 함께 살아갈 미래에 한반도 여성들의 섹슈얼리티가 어떻게 충돌하며 조우할 것인가 하는 질문과 연결되기 때문이다. 분단 체제와 안보 담론이 지속된 역사 속에서 가장 억눌린 것은 남북한 여성의 목소리였다. 남한 사회에서 그 목소리는 미투 운동과 낙태죄 헌법 불일치 판결 이후 그 어느 시기보다 급격하고 결연하게 터져 나오고 있다. 그렇다면 북한 여성의 목소리는 어떠할까? 북한 사회는 국가 건설 초기부터 남녀평등에 관한 법을 제정하고 1947년부터 3월 8일을 '국제부녀절'로 기념하는 등 일찍부터 관련 제도를 정비했다. 그러나 현실은 여전히 봉건적인 남성 중심 문화가 지배적이었다. 북한 여성의 목소리가 아주 조금씩 들리기 시작한 것은 1990년대 중반부터였다. 사상 최악의 식량난을 겪으면서 생존을 위해 분투하던 여성들이 자신의 성을 전략적으로 사용하기 시작했고, 이러한 변화는 북한 사회의 성규범과 문화를 뒤흔들었다. '고난의 행군'이라는 사회적 격변은 북한 여성의 섹슈얼리티를 재구성했다.

섹슈얼리티는 정의하기가 대단히 어려운 개념이다. 이 용어는 '섹스sex'와 '젠더gender'라는 개념처럼 '성'을 표현하는 개념인데, 때로 섹스와 젠더를 모두 포괄하는 개념으로 사용되기도 한다. 이 책은 북한 여성의 성을 '개별화된 육체의 생물학적 성'이라는 섹스의 차원에서 다룰 뿐 아니라, 사적 영역을 넘어 북한 사회를 총체적으로 반영하는 사회적 구성물이라는 의미에서 '사회적 성'인 젠더의 차원에서도 분석한다. 그렇기 때문에 두 차원을 모두 포괄하는 섹슈얼리티 개념을 선택했다.

한편, 이 책이 북한 여성과 그들의 섹슈얼리티에 관해 어떤 관점을 견지하고 있는지 언급할 필요가 있다. 이 책은 북한 여성을 성 통치의 단순한 대상이 아니라 나름의 상대적 자율성을 지닌 '성적 주체'로 본다. 여기서 성적 주체로서의 여성이란 국가 권력이 강제하는 성 담론과 생활세계에서 이루어지는 성적 실천 사이에서 최소한의 자기 결정권을 가진 존재로서의 여성을 뜻한다. 다음으로 이 책은 북한 여성의 섹슈얼리티를 북한 사회에 내재한 전형적인 모순으로 바라본다. 북한 체제는 사회주의의 진보성을 표방하면서도 봉건적 권력 세습의 퇴행성을 보여주는 '봉건적 사회주의' 체제다. 이러한 모순이 가장 극명하게 드러나는 영역이 바로 섹슈얼리티다. 사회주의 신여성과 봉건적 가부장의 기이한 모순적 결합이 북한 여성의 섹슈얼리티를 규정하는 기본적 특성이기 때문이다.

북한의 초기 국가 권력은 봉건적 속박에서 해방된 새로운 사회주의 여성상을 표방했다. 국가는 혁명적 평등 담론에 기초하여 여성에게도 토지개혁으로 몰수한 토지를 무상으로 분배했을 뿐 아니라, 평등한 인간이라는 정체성을 부여했다. 그러나 공적 담론에서 평등한 여성상을 내세웠던 것과는 달리, 일상적 실천이 이루어지는 생활세계에서는 여전히 봉건적 가부장 질서에 순응하는 여성상이 지배적이었다. 다시 말해, 국가는 탈성화된desexualized 혁명적 여성상을 선전하면서, 다른 한편으로는 성별화된sexualized 전통적 여성상을 활용했다.

앞서 언급했듯, 북한 사회의 이러한 남성 중심 성 문화에 균열을 일으킨 결정적 계기는 고난의 행군이었다. 이 시기에 권력의 성 통치에 대한 북한 여성의 대응 방식이 근본적으로 변하기 시작했다. 여성들은 살아남기 위해 기존의 성 담론에 도전하면서 새로운 성적 주체로 변모했다. 또한 이 시기를 거치면서 남한 사회로 유입되는 탈북인들이 급증했다. 이 중 대다수가 여성인데, 이 책의 마지막 장에서는 이들이 경험한 섹슈얼리티 문제를 다룬다.

이 책의 주요 분석 대상은 북한 사회에 나타난 여성 관련 정책과, 국가 권력에 조우하거나 저항한 여성 개인들의 실천이다. 이를 통해 북한 권력의 성 통치 전략과 그에 대한 북한 여성의 대응, 그리고 둘 사이에 존재하는 역동적 동학을 통찰하려 한다. 시기적으로는 1950년대 국가 건설기와 1990년대 고난의 행군기를 집중적으로 조명하고, 2000년대 이후는 국가 간 경계를 넘어선 탈북 여성들의 재구성된 정체성을 살펴볼 것이다. 연구 방법으로는 『김일성 선집』을 비롯한 원문 자료 분석과 탈북인을 대상으로 한 심층 면접을 병행하는 방식을 택했다.

북한 여성의 섹슈얼리티는 북한 연구 분야의 사각지대라 할 수 있다. 남한 사회의 북한 연구는 대부분 정치, 경제, 외교 등 거시적 분야에 집중되어 있기 때문이다. 이 책의 의의는 바로 그 사각지대를 체계적이고 포괄적으로 다룬다는 점에 있다. 이 책이 북한의 사회와 문화 속 감춰진 심층 지대를 이해하는 데, 그리하여 남북의 새로운 미래를 여는 데 길잡이 역할을 할 수 있기를 바란다.

첫 번째,

국가 건설과 섹슈얼리티

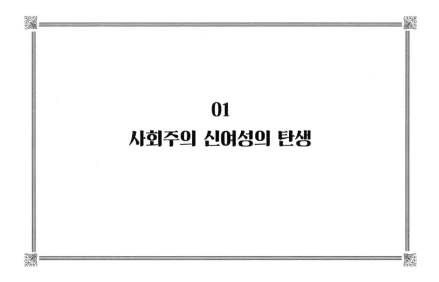

01
사회주의 신여성의 탄생

인간 개조 프로젝트

해방 이후 김일성은 「새 민주주의 국가 건설을 위한 우리의 과업」이라는 연설에서 북한 사회가 당면한 과제로 '반제 반봉건 민주주의 혁명'을 내세우며 인민주권을 찾아야 한다고 주장했다. 그는 북한이 봉건적인 사회 상황에서 벗어나 사회주의 체제로 이행해야 한다고 생각했으며, 이를 위해 인민들이 새로운 사회에 적합한 혁명적 인간으로 '개조'되어야 한다고 보았다. '인간 개조'를 위한 첫걸음은 식민지 노예근성을 버리고 민족적 긍지를 지니는 것이었다.

일제는 조선 사람의 민족적 자부심을 짓밟았으며 우리 청년들에게 노예근성을 길러놓았습니다. 민주주의적 독립국가를 건설하기 위해 서는 우리 인민의 자부심을 소생시켜야 합니다. 우리는 식민지 노예 근성을 철저히 빼버리고 높은 민족적 긍지와 무엇이든지 할 수 있다 는 자신심을 가지고 나가야 하겠습니다.[1]

김일성은 1946년 북조선임시인민위원회 명의로 '20개조 정강'을 발 표했다. 이 정강은 과거 일제 통치의 잔재를 철저히 숙청할 것을 필두 로 선거 제도 확립, 토지개혁, 사법 체계 개조, 산업 국유화, 여덟 시간 노동, 어린이 노동 금지, 근로자 보험, 의무교육, 보건위생 체계 확충 등 사회 전반의 개혁에 관한 내용을 다루고 있다.[2] 북조선임시인민위 원회가 가장 먼저 시행한 법령은 토지개혁에 관한 것이었다. 토지개혁 은 민족적 복리를 위해 시행되었으며 이 과정을 통해 농민 대중의 정 치 참여가 활발해졌다.

권력은 "인민주권의 행동 강령"[3]을 제시하며 일제 잔재를 없애고 인

---

1 김일성, 「새 민주주의 국가 건설을 위한 우리의 과업: 평안남도 인민정치위원회에 서 베푼 환영연에서 한 연설(1945년 10월 18일)」, 『김일성 선집』, 제1권 (평양: 조 선로동당출판사, 1954), 14.

2 김일성, 「20개조 정강을 발표하면서 조선 인민들에게 고함: 조선림시정부 수립을 앞두고(1946년 3월 23일)」, 위의 책, 41~45.

3 인민주권의 행동 강령은 인민공화국 수립에 요구되는 인민들의 권리를 13개 조항 으로 나누어 설명하고 있다. 김일성, 「해방된 조국에서의 당, 국가 및 무력건설에 대

민들이 스스로 새로운 사회에 적합한 혁명적 인간으로 변화될 것을 요구했다. 이러한 요구는 혁명의 과정에 인민들을 동원하기 위한 것이었다. 권력은 '자발적 동원'을 새로운 사회 건설을 위해 인민이 실천해야 하는 의무이자 가치로, 새로운 질서에 부합하는 덕목으로 담론화했다. 이런 식으로 권력은 사회주의 체제로 이행하는 데 적합한 '개조된 인민 대중'을 만들려는 국가적 기획을 이끌어 갔다. 이 기획은 의식 개혁이라는 차원에서 진행되었는데, 혁명적 인간을 만들기 위해서는 인민의 의식이 먼저 급격하게 변화되어야 했기 때문이다. 인간 개조론은 '혁명적 인간 만들기 프로젝트'의 시작이었다. 그것은 "인민 대중이 자주적인 생활을 누릴 수 있는 사상문화적 조건을 마련하기 위하여 사람들을 발전되고 힘 있는 존재로 만드는 사업"[4]이었다.

> 인간 개조는 사회생활과 사회발전의 필수적인 요구이다. … 인민 대중은 낡은 사상문화를 청산하고 새롭고 선진적인 사상문화를 확립하기 위한 인간 개조 사업을 통해서만 온갖 형태의 낡은 사상의식과 불건전한 문화의 구속에서 벗어나 사상문화 생활에서의 자주성을 실현할 수 있다. 또한 자기 운명의 주인으로서의 자주적인 생활을 누릴

하여(1945년 8월 20일)」, 『김일성 저작집』, 제1권 (평양: 조선로동당출판사, 1979), 262~263.

4 북한 사회과학원 철학연구소, 『철학사전: 북한 주체철학』 (서울: 도서출판 힘, 1988), 532.

수 있다.[5]

북한 권력은 봉건제와 식민 통치를 거치며 억압받던 대중에게 해방을 선사했다. 권력은 그들이 혁명적 사회 정책의 수행 대상이라는 점을 강조했는데, 이는 소외된 대중 집단을 국가 건설에 참여할 주체적 인민으로 재구성해 권력의 지지 기반으로 끌어들이려는 기획이었다. 이러한 과정에서 대중은 자연스럽게 개조적 인간으로 규정되었으며 새로운 규범과 사회적 담론을 통해 사회화되었다.

부녀자에서 여성으로

북한의 초기 권력은 사회주의 국가를 건설하는 과정에서 여성들을 자발적 참여자로 만들기 위해 다양한 전략을 구사했다. 그 전략의 출발점은 '여성'이라는 호명이었다. '부녀자'로 불리던 이들이 시대의 변화에 따라 '여성'으로 호명되면서 여성이라는 정체성이 본격적으로 재구성되었다. 권력의 호명은 이들에게 사회적 지위를 부여했다. 당시 지식인 여성들은 부인이라는 호칭도 거부하며 여성이라는 단어에 큰 의미를 두었다. 봉건적 환경에서 사회적 역할을 부여받지 못한 채 차등

---

5 앞의 책, 532~533.

적 지위에 머물도록 강요당해 온 이들에게 '여성'이라는 말은 '부녀자', '부인'이라는 호칭이 담지할 수 없었던 진취성을 상징했다.

권력의 전략은 일련의 정책 속에서 더욱 극적으로 나타났다. 여성으로 호명된 이들이 토지개혁법, 노동법, 남녀평등법 등의 주요 대상으로 한 번 더 호명된 것이다. 그것은 단순한 말 잔치가 아니었다. 토지개혁법은 몰수한 토지를 여성에게도 무상으로 분배해주었고, 남녀평등법은 여성도 평등한 인간이라는 사실을 법적으로 확인해주었다. 그뿐 아니라 권력은 봉건적 가족 제도를 청산하고, 여성해방과 남녀평등을 새로운 사회주의 가족 제도 속에서 구현하겠다고 다짐했다. 이때 남녀평등 담론의 근거로 작용한 것은 항일 무장 투쟁에서 여성들이 보여준 동지애라는 기억이었다. 한편, 북한이 공식적으로 제시한 혁명적 여성은 새로운 사회가 제시하는 사상과 가치를 이해하고 집단주의 규범을 실천하는 공산주의적 품성을 갖춘 여성이었다.

우리 사회에서 새 형의 녀성이란 사회주의 사회에 적응한 선진 사상과 고상한 도덕 품성을 소유한 녀성을 의미한다. 다시 말하면 사회주의 조국을 무한히 사랑하고 계급적 원쑤들을 증오하며 당과 혁명의 리익을 위하여는 자기의 힘과 지혜를 남김없이 바치는 사상이 견실한 녀성, 조국과 인민을 위하여 근면하게 자각적으로 로동하며 자기가 맡은 일을 훌륭하게 수행할 뿐 아니라 동지들을 진심으로 사랑하며 서로 도웁고 주위 사람들에게 례절 있게 대하며 검박하고 소박하게

생활하는 등 고상한 도덕 품성을 가진 녀성을 두고 말하는 것이다.[6]

잘생긴 처녀들을 보고는 '그 처녀 잘도 생겼다. 부잣집 맏며느리감이
로군' 하고 말들을 하였습니다. 부잣집 맏며느리감이란 결국 놀고먹
을 팔자란 말입니다.[7]

공산주의 여성의 덕목은 당과 혁명, 조국과 인민을 위해 노동하는
애국적 근면함으로 규정되었다. 김일성은 놀고먹는 것이야말로 여성
에게 좋은 팔자라는 기존의 봉건적 인식을 직접적으로 비판하며 그
러한 생각을 착취 계급의 근본 사상으로 치부했다. 그는 여성들에게
일하는 여성, 혁명적 여성의 존엄성을 강조했다.

그러나 이제 막 봉건 사회를 벗어난 북한에서 이러한 혁명적 조치가
전격적으로 실행되기란 어려운 일이었다. 해방된 새로운 시대의 사회
주의 여성을 내세우는 평등 담론과는 달리, 일상의 실천이 이루어지는
생활세계에서는 여전히 봉건적 가부장 질서가 재생산되고 있었다. 급
격하게 시행된 남녀평등법을 통해 여성의 법적 지위가 향상했음에도
불구하고 법과 현실의 괴리는 여전했다. 여성의 현실적 지위는 봉건적

---

6 리홍종, 『녀성들의 공산주의 품성』 (평양: 로동신문 출판인쇄소, 1960), 1~2.

7 김일성, 「자녀교양에서 어머니들의 임무: 전국어머니대회에서 한 연설(1961년 11
    월 16일)」, 『김일성 저작선집』, 제3권 (평양: 조선로동당출판사, 1969), 126.

한계를 벗어나지 못했던 것이다. 여성들은 국가 부흥을 위해 동원되는 신체였으며, 사회주의 국가의 혁명적 어머니로서 남성 중심의 질서가 투과되는 대상이었다. 권력은 노동의 효율성을 위해 핵가족화를 도모하는 한편, 통치를 위해 충효 사상과 유교 전통의 가부장 질서를 유지했다. 사회주의 여성해방을 내세웠으나, 엥겔스가 주장한 가족 해체론과 "가내 노예인 여성에 대한 전면적 여성해방론"을 도입하지 않았다.[8] 여성이 현실적으로 남성과 평등한 권리를 부여받게 된 지점은 단 하나였다. 여성도 남성과 동등한 노동자라는 점에서는 이견이 없었던 것이다.

> (여성)해방이 통과된 지 여섯 달이 넘었지만 시간을 헛되이 보내며 노는 여성들이 여전히 많다. 이러한 때 평양 기차공장 차량윤활제 반원들인 리보숙과 김덕선은 '돌격대'에 참여하여 … 기차 바퀴에 기름을 바르기 위해 하루에 106개의 기름통을 생산했다. 일제 식민지 시절에는 하루에 80개를 생산하기도 벅찼다. 이 두 여성들의 기록에 자극을 받아 다른 노동자들이 애국적 열정을 보여주었다.[9]

---

8 Karl Marx, Friedrich Engels, Vladimir Il'Ich Lenin, Iosif Vissarionovich Stalin, 『여성해방론』, 조금안 옮김 (서울: 동녘, 1988), 51.

9 United States Army, Far East Command, Allied Translator and Interpreter Section(ATIS), Box 9, item 54, enclosure no. 2, translation no. 417, 5.

1946년 시행된 혁명적 여성 정책의 핵심은 여성을 남성과 평등한 주체로 상정하는 동시에 노동의 주체로 만드는 것이었다. 이러한 이중적 주체화는 개인의 정체성을 자연적 배경과 사회적 구분에 따라 조밀하게 분화시켰다. 즉, 성별과 연령에 의한 범주화와 성분과 계급에 따른 범주화라는 양면적 차원으로 정체성이 구성된 것이다. 그러한 범주화는 여성들을 전체주의 사회의 구성원으로 규정하고 배치하는 작업이었다. 달리 말해, 여성들을 노동자로 동원하기 위한 과정이었다.

여맹과 『조선녀성』

"사회의 진보는 여성의 사회적 지위가 어떠한가에 따라서 정확히 측정될 수 있는 것"[10]이라는 마르크스의 말을 따라, 북한 권력은 사회의 진보를 이루어내기 위해 여성의 사회 참여를 끌어올리려 했다. 그러나 제도만으로는 현실 속에 깊이 뿌리박힌 성차별적 인식을 개선할 수 없었다.

해방 직후 북한은 권력을 강화하고 여성들을 대중 정치에 동원하기 위해 '북조선민주여성총동맹'(여맹)을 조직하였다. 여맹은 1951년

---

10 Chanie Rosenberg, 『소련여성과 페레스트로이카』, 최광렬 옮김 (파주: 한울, 1991).

'조선민주여성동맹'으로 확대 개편될 때까지 김일성 개인의 권력 확대와 여성의 정치 기초 조직을 강화하는 데 앞장섰다. 설립 때부터 지금까지 여맹은 북한 지도부가 설정한 정책을 인민들에게 하달하는 역할을 수행해왔고, 정치 조직을 강화하며 구성원을 증가시켰다. 여성들은 이 조직을 통해 국가의 발전에 참여하는 혁명적 인간상을 배우면서 꾸준히 조직화되었다. 여맹은 이렇게 여성의 정치적 활동을 독려했을 뿐 아니라 여성의 일상을 파고드는 사회교육 구조를 만들었다. 예를 들어 여성의 책무를 강조하는 문학 작품을 발간했는데, 그 내용에 따르면 여성은 전투적 민족주의자로서 조상에게 물려받은 토지를 지키는 생산자이자 가정주부로서 아이들을 가르치고 사회문화를 재생산하는 책임자였다.

여맹과 매우 밀접한 언론이자 여성을 위한 대중 교육 도구로 월간 잡지 『조선녀성』[11]을 들 수 있다. 이 잡지는 해방 1주년을 기념해 1946년에 창간되었다. 『조선녀성』은 1947년 8월호 표지에서 여맹 1주년을 기념하며 바지 입은 여성의 이미지를 선보였는데, 일상적으로 한복을 입었던 당시 여성들의 상황을 고려할 때 이러한 이미지는 여성의 새로운 정체성을 강조했다고 볼 수 있다. 여성의 새로운 옷차림은 사회 계

---

11 1946년부터 지금까지 북한에서 출간되는 유일한 여성 잡지 『조선녀성』은 여성을 대상으로 하는 정책과 일상의 정보를 소개하고 있다. 김일성, 「잡지 『조선녀성』을 축하한다(1946년 9월 6일)」, 『김일성 저작집』, 제2권 (평양: 조선로동당출판사, 1979), 395.

『조선녀성』 1947년 8월호 표지. 바지를 착용한 여성 집단의 이미지를 표지로 활용한 것은 남북 역사상 최초의 시도였다. 한편, 1947년까지만 해도 『조선녀성』은 『조선여성』으로 표기되었는데, 이는 조선어 법칙이 아직 확립되지 않은 상태에서 '여성'과 '녀성'이 혼용되었던 당시의 상황이 반영된 것이다.

급적 미의식을 반영하기도 했다. 노동하는 여성의 의상은 부르주아 여성의 그것과는 구별되는 사회주의 여성의 옷차림이었다. 또한 이 표지에는 깃발 이미지도 등장하는데, 이는 여성과 깃발이라는 기호를 통해 노동하는 여성의 사회적 정체성을 강조했다고 할 수 있다. 여성과 혁명이라는 두 가지 테마를 결합시켜 여성의 가장 위대한 임무는 혁명의 주체가 되는 것임을 보여준 것이다.

> 근로하는 사람들은 입고 쓰기에 편한 옷과 물건을 좋아하지만 로동에서 유리되고 무위도식하는 착취 계급은 허영심과 사치로 인하여 조잡한 형태와 몰취미한 장식을 즐긴다.[12]

---

12 김정본, 강운빈, 『미학개론』 (평양: 사회과학출판사, 1991), 204~205.

『조선녀성』은 이처럼 작업복과 부르주아 여성복의 차이를 주지시키며 국가가 요구하는 '노동하는 여성'이라는 정체성을 강화하는 데 기여했다.

한편 북한 사회에서 여성의 혁명성을 대표하는 상징적 집단은 여군이었다. 여성 군인에 대한 긍정적이고 보편적인 인식은 김정숙의 활동과 같이 항일 무장 투쟁에서 나타난 여성들의 참여가 애국적 행위라는 인식에서 출발하였다. 1945년 11월 평양학교가 창립되면서 여군 창설의 계기가 마련되었다. 1962년 채택된 '4대 노선'[13]에서는 군 병력의 증가를 위해 전체 인민을 무장화해야 한다는 내용이 강조되었고, 1966년 10월 당대표회의 이후에는 여성들의 국방 참여 의식을 높이기 위한 선전 활동이 활발해졌다. 이러한 경향은 1970년 11월 조선로동당 5차 당대회 이후에도 지속되었다. 이 과정에서 여맹은 『조선녀성』을 통해 여군이 대체 인력이 아닌 정규군임을 강조하며 여군이 되는 것은 곧 애국이라는 담론으로 여성들의 입대를 독려했다.

---

13 1962년 12월 당중앙위원회 제4기 5차 전원회의에서 '전군 간부화', '전군 현대화', '전민 무장화', '전국 요새화'의 네 가지 강령으로 제시되었다. 이 강령은 '국방에서의 자위'라는 국방 정책의 기조에서 파생되었다. 이민룡, 『김정일체제의 북한군대 해부』(서울: 황금알, 2004), 37.

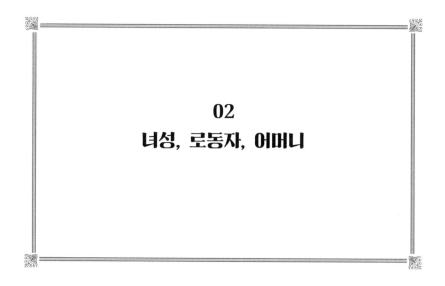

02
녀성, 로동자, 어머니

혁명의 정치와 여성

북한은 여성과 관련된 혁명적 정책 수립과 담론 생성을 통해 여성이 국가 건설 과정에 적극적으로 참여할 수 있는 (혹은 자발적으로 동원될 수 있는) 기초를 마련했다. 다른 사회주의 국가들처럼 북한 역시 정치, 경제, 교육 등 사회 모든 영역에서 인간해방과 남녀평등 이념을 내세우며 젠더 질서를 급진적으로 재편했던 것이다.[14] 사회주의 혁명의 관점에서 볼 때 성차별이라는 이른바 구질서는 혁명 노선에 위반되는 것

---

14 북한연구소, 『북한 가족법과 가정실태』 (서울: 은창문화사, 1991), 27~28.

이었기 때문이다.

북한은 다른 사회주의 국가들의 여성 정책 기조를 모범으로 삼았다. 볼셰비키 정권에서 실시한 새로운 여성 정책은 구질서의 사회적 기초를 잠식하는 데 유효한 수단이었다. 볼셰비키 정권은 1918년 여성의 열등한 법적 신분 폐지, 법 앞의 남녀평등, 이혼 허용, 여성의 혼전 수입과 자산에 대한 인정을 골자로 하는 가족법을 공포했다. 1920년에는 낙태를 합법화했고, 1926년에는 중앙아시아 지역 무슬림 여성들의 차별을 타파하려고까지 했다.[15] 그러나 기존의 가부장 질서를 부정하며 만들어낸 급진적 젠더 질서는 여성해방과는 거리가 멀었다. 새로운 질서는 여성이 국가를 매개로 남성과 관계를 맺는, 관계 구도의 변화를 가져왔을 뿐이다. 다시 말해 여성, 국가, 남성으로 이루어진 삼각관계라는 새로운 젠더 관계가 구성된 것이다.[16]

북한은 두 가지 이유에서 이러한 급진적 젠더 질서를 도입했다. 첫째는 혁명 노선을 따르기 위해서였고, 둘째는 여성 대중의 지지가 필요했기 때문이다. 권력이 여성의 지지를 얻기 위해서는 먼저 여성을 혁명의 정치로 끌어들여야 했다. 국가 건설기에 여성의 정치사회화는 북한 권력이 이루어내야 할 필수 과제였다.

---

15 한정숙, 「소비에트 정권 초기의 가족·출산정책: 현실과 논의들 - 특히 1920년 낙태 문제를 중심으로」, 『서양사연구』, 제43집 (2010), 41.

16 강윤희, 「소비에트와 포스트소비에트 러시아의 젠더 재구성: 여성성과 남성성의 변모를 중심으로」, 『슬라브학보』, 제21권 4호 (2006), 201.

어떤 자들은 인민위원회 위원으로 녀성들을 선거하지 말며 심지어 녀성을 선거에 참가시키지 말자고 합니다. 이것도 역시 잘못된 생각입니다. 녀성은 인구의 절반을 차지하고 있습니다. 만일 정권기관 선거에나 또는 그 사업에 인민의 반수가 참여하지 않는다고 하면 그 정권을 참된 인민정권이라고는 도저히 말할 수 없을 것입니다. 녀성들은 커다란 힘이며 수많은 녀성들이 남성에 조금도 못지않게 우리나라를 부흥시키는 사업을 감당하고 있습니다. … 그렇기 때문에 남녀평등권에 관한 법령은 인민위원회 위원선거에서도 전적으로 구현되어야 하며 그래야만 진정한 민주주의적 선거로 될 수 있습니다.[17]

북한 권력은 여성의 정치 참여를 유도하기 위해 여맹의 활동을 독려하고 여성의 정치적 위상을 높여주는 정책을 실시했다. 1946년 11월 3일 실시한 시도군 인민위원회 선거에서는 선출 위원 중 10~15%를 여성에게 할당했다. 그 결과 여성 의석이 13%를 차지하게 되었다.[18] 당시 일부 권력층은 이러한 여성의 정치 참여를 부정적으로 보기도 했다. 하지만 김일성은 여성의 정치 참여야말로 여성 권리의 신장이라고 강조하면서 여성에 대한 낡은 인습이 여성의 사회 진출을 막는 갈등

---

17 김일성, 「역사적인 민주선거를 앞두고: 평양시 민주선거 경축대회에서 한 연설(1946년 11월 1일)」, 『김일성 저작선집』, 제1권, 118~119.

18 김준엽, 김창순, 이일선, 『북한 연구 자료집1』 (서울: 고대아세아문제연구소, 1969), 167.

요인이 되고 있다고 비판했다.

3대 법령과 여성

1946년 북조선임시인민위원회는 3월과 6월, 7월에 각각 '북조선 토지개혁에 대한 법령', '북조선 로동자 및 사무원에 대한 로동법령', '북조선 남녀평등권에 대한 법령'을 제정하여 공포했다.[19] 이 혁신적인 법령들의 공통점 중 하나는, 여성의 권리를 규정함으로써 여성의 사회적 위상을 높이고 전통적 젠더 역할의 변화를 천명했다는 점이다.

가장 먼저 발표된 '북조선 토지개혁에 대한 법령'(토지개혁 법령)은 20여 일 만에 시행이 완료되어 여성들에게 사회주의 정책의 평등 지향성을 각인시켰다. 토지 분배는 성별과 연령에 따라 차등적으로 점수를 부과하는 방식으로 이루어졌다.[20] 이 과정에서 여성은 남성과 동등하게 토지를 분배받았다. 토지개혁 이후 여성들의 사회 참여는 급증했

---

19 김일성, 「로동법령 초안을 발표하면서: 북조선림시인민위원회 확대위원회에서 진술한 보고(1946년 6월 20일)」, 『김일성 선집』, 제1권, 113.

20 남 18~60세, 여 18~50세의 경우 각 1점, 청년 15~17세의 경우 0.7점, 아동 9세 이하의 경우 0.1점, 남 61세 이상, 여 51세 이상의 경우 각 0.3점이 부과되었다. 토지 분배가 여성에게 적용된 조항은 제3장 제15조에 명시되었다. 연세대 대학원 북한현대사연구회, 『북한 현대사 1: 연구와 자료』(서울: 공동체, 1989), 360.

다. 여맹의 조직원 또한 "1946년 4월 3만 5,000명에서 7월 6만 명"으로 급증했다.[21] 이어 6월에 공포된 '북조선 로동자 및 사무원에 대한 로동 법령'(노동 법령)은 동일 노동·동일 기술에 대한 동일 임금 지불, 산전 산후 유급휴가제, 임신 기간과 출산 기간 동안의 특별 보호를 규정하였다.[22] 이를 통해 여성의 사회 진출과 자녀 양육에 대한 부담을 사회화하는 제도가 마련되었다. 노동 법령은 노동권뿐 아니라 사회보험과 교육 등에 관한 권리에서도 여성과 남성의 동등한 권리를 명시하였다. 한편 '북조선 남녀평등권에 대한 법령'(남녀평등권 법령)은 "일본 식민지 정책의 잔재를 숙청하고 낡은 봉건적 남녀 관계를 개혁하며 여성을 문화, 사회, 정치 생활에 전면적으로 참여시킬 것을 목적"[23]으로 한다고 밝혔다.

북조선의 발전하는 민주개혁은 녀성에게도 드디어 해방을 가져왔는

21 김용복, 「해방 직후 북한 인민위원회의 조직과 활동」, 김남식 외, 『해방전후사의 인식』, 5권 (파주: 한길사, 1989), 226에서 재인용. Joseph Man-Kyung Ha, "Politics of Korean Peasantry: A Study of Land Reforms and Collectivization with Reference to Sino-Soviet Experience," (Ph.D. diss., Columbia University, 1971), 148.

22 제8차 북조선 임시인민위원회에서 '북조선 로동자 및 사무원에 대한 로동령 초안'을 가결하고 '북조선 로동자 및 사무원에 대한 로동법령'을 공포하였다. 북조선인민위원회사법국, 『북조선법령집』 (평양: 북조선인민위원회사법국, 1947), 229.

23 1946년 7월 30일 임시위원회 결정 제54호로 '북조선의 남녀평등권에 대한 법령'을 공포하였다. 위의 책, 301.

바, 그것은 즉, 남녀평등권에 대한 법령입니다. 수천 년 이래 봉건적 유습과 일본 제국주의의 식민지 정책으로 말미암아 비인도적이며 치욕적인 대우와 2중 3중의 착취에 신음하던 우리 조선 녀성들은 남자와 동등한 권리를 가지고 정치, 경제, 문화 생활에 참가할 수 있게 되었으며 민주조선 건설에 열성적인 일원으로서 참가할 수 있게 되었습니다.[24]

남녀평등권 법령은 여성을 기존의 불평등하고 억압적인 구조에서 해방하려 했다. 법령에는 남녀평등권, 여성의 선거권과 피선거권, 노동권과 보수권, 사회보험과 교육에 대한 권리, 자유결혼과 이혼에 대한 권리, 이혼 시 재산 분배에 대한 권리, 재산과 토지 상속에 대한 권리 등이 규정되었다. 또한 조혼, 일부다처제, 인신매매, 공창, 사창, 기생 제도를 명시적으로 금지했다.

북조선 남녀평등권에 대한 법령

제1조. 국가, 경제, 문화, 사회정치적 생활의 모든 영역에 있어서 여성들은 남자와 같은 평등권을 가진다.

제2조. 지방 또는 국가 최고기관에 있어서 여성들은 남자들과 동등

---

24 김일성, 「8·15 해방 1주년 기념 보고: 해방 1주년 평양시 기념 경축대회에서(1946년 8월 15일)」, 『김일성 저작집』, 제1권, 186.

으로 선거 및 피선거권을 가진다.

제3조. 여성들은 남자의 노동권리와 동일한 임금과 사회보험 및 교육의 권리를 가진다.

제4조. 여성들은 남자들과 같이 자유결혼의 권리를 가진다. 결혼할 본인들의 동의 없는 비자유적이며 강제적인 결혼은 금지한다.

제5조. 결혼 생활에서 부부관계가 곤란하고 부부관계를 더 계속할 수 없는 조건이 생길 때는 여성들과 남성들과 동등하의 자유 이혼의 권리를 가진다. 모성으로서 아동 양육비를 전남편에게 요구할 소송권을 인정하며 이혼과 아동 양육비에 관한 소송은 인민 재판소에서 처리하도록 규정한다.

제6조. 결혼 연령은 여성 만 17세, 남성 18세로부터 규정한다.

제7조. 중세기적 봉건 관계의 유습인 일부다처제와 여자들을 처나 첩으로 매매하는 여성인권 유린의 폐해를 금후 금지한다. 공창, 사창 및 기생 제도(기생권, 기생학교)를 금지한다. 전 2항에 위반하는 자는 법에 처한다.

제8조. 여성들은 남자들과 동등의 재산 및 토지 상속권을 가지며 이혼할 때는 재산과 토지 분배의 권리를 가진다.

제9조. 본 법령의 발표와 동시에 조선녀성의 권리에 대한 일본제국주의 법령과 규칙은 무효로 된다. 본 법령은 공포하는 날부터 효력을 발생한다.

1946년 7월 30일. 임시인민위원회 위원장 김일성[25]

1948년 9월 8일 발효된 '조선민주주의 인민공화국 헌법' 제11조와 제12조는 남녀 평등한 권리를 최고법으로 확정하였다. 헌법 제22조는 여성이 사회, 정치, 경제 모든 분야에서 남자와 동등함을 규정하고 "국가는 모성 및 유아를 특별히 보호한다"라고 하였다. 이에 따라 1948년에 '유아상담소'와 '녀성상담소'에 관한 규정이 제정되고, 1949년에는 보건성 규칙으로 탁아소에 관한 규정[26]이 제정되어 여성의 돌봄 노동을 사회화하는 정책이 본격적으로 추진되었다.

그러나 앞서 언급했듯, 북한 권력은 이러한 일련의 혁신 과정에서 여성의 권리를 명목상 제도화했을 뿐이다. 법적 권리가 확대되었음에도 불구하고 모성이 수행되는 사적 공간, 일상의 영역은 개혁되지 않았다. '신녀성'이라는 정체성은 공적 영역에서만 통용되었다. 가정에서 일하는 여성들은 여전히 가두街頭('도시의 살림집 지구'를 가리킴) 여성으로 불리며 전통적 모성을 실천하는 집단으로 취급되었다.

---

25 김일성, 「북조선 남녀평등권에 대한 법령(1946년 7월 30일)」, 앞의 책, 327~328.

26 '탁아소 건립에 관한 규정'은 생후 1개월부터 만 3세까지의 유아를 국가 및 사회 단체가 운영하는 탁아소에서 양육하도록 하는 것을 주요 골자로 하며 "탁아소 설치의 목적은 로동녀성으로 하여금 로동생산성을 제고"하는 것이었다. 전상인, 『북한 가족정책의 변화』, (서울: 통일연구원, 1993) 21~22.

여성에서 어머니로

북한 사회가 요구했던 신여성은 노동하는 여성이었다. 노동자로서의 여성은 탈성화된 인간이었다. 그들은 여성이기에 앞서 생산력을 증대시킬 임무를 부여받은 노동자였던 것이다. 그러나 현실은 달랐다. 남성 중심의 가부장 질서가 여전히 공고했기 때문에 여성은 끊임없이 성별화된 대상으로 구축되었다. 남녀평등법을 통해 자유결혼과 이혼의 권리가 공표되었으나 1956년 합의 이혼이 금지되면서 성적 주체의 자율성은 훼손되었고 남녀평등의 이념은 굴절되었다. 그 후 공식 담론에서 여성의 가치는 '어머니'라는 재생산의 역할로 규정되었다.

1960년대 들어 북한 권력은 사회의 세포 단위인 가정의 혁명화야말로 전체 사회를 혁명화할 수 있는 기초며 그 중심에 여성이 있다는 주장을 펼쳤다. 이러한 논리를 바탕으로 북한 지도부가 설정한 정책은 여맹을 통해 인민들에게 널리 알려졌다. 여맹은 주요 활동 목표를 '여성의 사상 교양 강화, 자녀 교양 강화, 사회주의 건설에의 동원'으로 정했고, 여성 정책의 기조를 주로 어머니를 대상으로 하는 정책으로 변화시켰다. 이러한 가운데 '전국어머니대회'가 조직되었는데, 이 대회에서 김일성은 여성들에게 공산주의를 육성하는 어머니를 강조하며 북한 사회에서 여성의 가치는 어머니라는 정체성에 있다고 주장했다. 어머니의 모범이 자녀 교육에 큰 영향을 미치므로 '가정의 혁명화'에서 어머니의 역할이 중요하다는 논지였다.

어린이를 훌륭한 공산주의 사회의 주인으로 키우는 것은 누구보다도 우리 어머니들이 책임적으로 수행해야 할 영예로운 일이다. … 모든 어머니들과 녀성들이여! 우리의 자녀들을 조국의 래일을 담당할 역군 으로, 훌륭한 공산주의 건설자로 양육하기 위하여 모든 지혜와 열성 을 다 바치자![27]

전국어머니대회를 통해 전국에 '어머니 학교'[28]가 개설되었다. 어머니 학교는 여성들이 교양을 습득하는 거점이었다. 이곳에서 여성들은 김일성의 혁명 사상과 역사, 당의 활동, 여성 규범 및 정치 조직 활동, 자녀 교육에 관한 것을 배웠다. 이곳을 통해 10명의 로력 영웅, 2,164명의 수훈자, 3,500여 명의 천리마 기수 등 '모범 녀성'이 배출되었다.[29] 1980년대에는 경제가 침체 국면에 들어서면서 여성의 사회 진출이 감소했다. 미취업 주부가 늘어나자 북한 권력은 여성의 역할을 공산주의 혁명가들을 위해 봉사하는 것으로 재규정하며 '가정의 혁명화' 담론을 다시 내세웠다. 또한 남편과 아이를 훌륭하게 키운 인민의 어

27 조선녀성사 편, 『전국어머니대회 문헌집』(평양: 조선녀성사, 1962), 44~45.

28 어머니 학교는 어머니들의 문화 수준 향상과 위생 및 자녀 양육을 위한 교육으로 운영되었으나 1962년 노동당 4차 대회에서 여성들의 계급 교양 사업을 강화할 필요성이 대두됨에 따라 사상 개조에 역점을 두게 되었다. 김창순, 『북한의 '전국어머니대회'에 관한 연구: 어머니의 역할변화를 중심으로』(석사학위논문, 북한대학원대학교, 2006), 12.

29 조선중앙통신사 편, 『조선중앙년감 1963』(평양: 조선중앙통신사, 1963), 188.

머니 강반석과 김정숙 본받기 운동을 펼쳤다.[30] 이 시기 북한 권력은 전체적으로 여성의 역할을 어머니로 축소했으며 여성을 생산성을 도모하기 위한 대상으로 규정했다.

북한 사회에서 여성은 집단주의와 사회주의 대가정론을 통해 이상화된 이미지로 재현되었다. 여성은 재생산을 담당하는 어머니인 동시에 국가 발전을 위해 몸을 던지는 전사였다. 북한 사회의 여성 담론은 합법적인 결혼 제도 속에서 자녀를 가진 어머니만을 가치 있는 여성으로 규정했다. 공산주의자를 키우는 어머니라는 근엄한 역할 부여를 통해 성을 통제하고 규율하는 가운데 남성 중심의 성 담론이 활발하게 작동했다.

---

30 윤미량, 『북한의 여성정책』 (파주: 한울, 1991), 122.

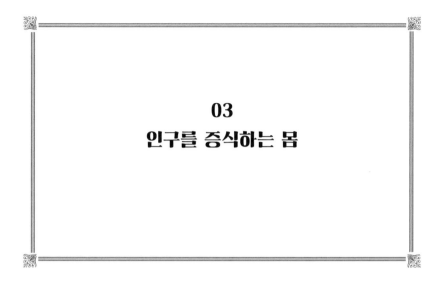

03
인구를 증식하는 몸

북한의 인구 정책

인구 동태는 근대를 구분하는 중요한 사회변동으로 자원이 생산되고 분배되는 방식과 밀접한 관계를 맺고 구조화된다.[31] 한 사회의 인구는 자연발생적 현상이 아니라 각 사회마다 생산성과 분배, 재생산을 위해 고려되어야 하는 사회적 결과물이다.

인구 문제를 사회과학의 본격적인 주제로 다루기 시작한 사람은 영

---

[31] 박경숙, 『북한사회와 굴절된 근대: 인구, 국가, 주민의 삶』 (서울: 서울대학교출판문화원, 2011), 3.

국의 경제학자 맬서스Thomas R. Malthus다. 그의 이론은 다음과 같다. "첫째, 인구 증가는 반드시 생존 수단에 의해 제한이 가해진다. 둘째, 생존 수단도 증가하지만 인구는 변함없이 계속 증가한다. 셋째, 인구의 월등한 증식력으로 인한 과잉인구 현상은 곤궁과 악덕에 의해 부양할 수 있는 수로 제한된다."[32] 다시 말해, 인구는 기하급수적으로 증가하지만 인간의 생존에 필요한 식량은 산술급수적으로 증가하기 때문에 식량 부족 현상이 필연적으로 발생한다는 것이다. 맬서스는 이에 대한 대안으로 생식 통제를 통해 인구 수를 조절할 것을 제안했다.[33]

서구 근대 국가들은 이러한 관점에서 인구 문제를 다루며 나름의 인구 정책을 시행했다. 그런데 인구 정책에서 주요한 통제 대상이 된 것은 인간의 성이다. 권력의 통치 대상이 될 때 인간의 성은 친밀성의 욕망으로 움직여지는 것이 아니라 정치적 관점에서 대상화와 변용이 가능한 것이 된다. 국가 권력이 사람들의 몸에 개입하게 되는 것이다. 이때 몸은 인구 증식의 개체이자 근대적 가치를 수행하는 지점이 된다. 이처럼 통치 대상으로서의 성은 제도와 담론을 통해 효율적으로 관리되는 정치적 성질을 지닌 것이다.

---

32 박상태, 『인구사상과 인구정책』 (서울: 서강대학교출판부, 2007), 15.

33 그러나 맬서스의 인구 문제는 산업 발달이 안정화된 현대 국가에는 적용되지 않는 편이다. 선진 국가 대부분이 출생률 감소로 인구 증가율이 낮아지고 있고, 오히려 저출산을 극복하기 위한 사회적 정책들이 고안되어야 하는 실정이기 때문이다.

한편, 초기 사회주의 국가들은 인구 문제를 자본주의 사회의 문제로 치부했다. 이러한 인식에는 사회주의 계획경제의 합리성만으로 자본주의 경제의 인구 문제를 해결할 수 있다는 엥겔스의 관점이 투영되어 있었다. 그러나 현실은 달랐는데, 중국의 경우 1956년부터 이미 인구 억제 정책의 필요성이 제기되었다. 중국의 인구 억제 정책은 대약진 운동 시기 동안 잠시 중단되었다가 1971년부터 다시 본격적으로 진행되었다.[34]

북한은 사회주의 관점의 인구학을 중시했고, 사회주의 사회의 낙관적 인구 전망을 따랐다. 사회주의 인구학이 과학의 발달에 따라 증가하는 인구 문제를 우려하지 않았듯, 국가 건설 초기 북한은 인구 문제를 단순히 자본주의 체제의 모순에서 발생하는 현상으로 보았다. 인구 증가는 결코 사회주의 혁명의 완성에 지장이 되지 않는다는 입장이었다. 북한은 사회주의 국가가 실시하는 인구 정책을 정치 및 사상적 조치, 행정 및 법적 조치, 경제적 조치로 들고 있는데, 이 중 가장 중요한 것은 정치 및 사상적 조치였다. 사람들의 의식 수준과 도덕적 심리 상태가 인구 형성 과정에 영향을 준다고 보았기 때문이다. 이러한 관점은 매체가 인구에 미치는 영향력을 고려해야 한다는 주장을 낳기도 했다.

---

34 정영철 외, 『북한인구의 동태적 및 정태적 특징과 사회경제적 함의』 (서울: 한국보건사회연구원, 2011), 41~42.

광범한 사회 교양체계와 선전수단 '출판물, 라지오, 텔레비죤'을 통하여 사회주의적 요구에 맞는 결혼과 가정에 대한 옳은 관점을 가지도록 해야 한다.[35]

북한 권력은 생산과 재생산, 재생산과 분배 기제로서의 인구는 구체적인 상황에 따라 조절이 가능하다고 보았다. 여기서 인구론의 핵심은 '노동인구 수'다. 이는 권력이 인구 정책을 수립하는 과정에서 인간을 사회주의 재생산의 노동력으로 규정하고 있음을 보여준다. 이러한 인구 정책의 목적은 출산력을 억제해 인구 수를 조절하기보다 최대한 생산력을 증진하는 방향으로 인구를 통제하는 데 초점이 맞추어져 있다고 할 수 있다.

여성의 몸, 재생산의 장소

전쟁은 시설과 재화 등 사회 모든 분야의 물적 토대를 초토화했고 북한 인구를 격감시켰으며 성비 불균형이라는 인구구조 문제를 가져왔다. 1949년의 인구통계를 보면 총 인구 962만 2,000명 중 남자는 478만 2,000명, 여자는 484만 명으로 성비가 98.8이었으나, 전쟁 이

---

35 리기성 외, 『인구학개론』(평양: 과학백과사전종합출판사, 1993), 49.

후인 1953년에는 남자 398만 2,000명(-4.58%), 여자 405만 9,000명(-1.77%)으로 성비가 88.3%로 나타났다.[36] 김일성은 인구 증가를 위해 출산을 장려하고 양육 조건을 개선할 것을 강조했다. 이에 따라 다산 정책이 적극적으로 개진되었고, 전쟁고아 문제도 인민들이 함께 해결해야 하는 사회적 책무로 강조되었다.[37]

북한 사회가 당면한 재건과 산업 발전을 위해서는 여성의 노동력과 출산력을 끌어올려야 했다. 이는 여성의 몸이 북한 사회의 재생산을 담당하는 주요 장소가 되었음을 의미한다. 김일성은 전후 인명 손실을 메우려 인구 증식의 중요성을 강조하고 그것을 정책으로 요구했다.

전쟁으로 인한 인명의 손실을 보충하기 위하여 우리 당은 인구 증식에 관심을 돌려야 하겠습니다.[38]

---

36 정진상 외, 「북한의 인구구조에 관한 분석」, 『북한연구학회보』, 제7권 1호 (2003), 13.

37 "어머니들에 대한 보호와 어린이들에 대한 양육 조건을 개선하기 위한 대책들을 세우며 전시에 적의 폭격으로 인하여 부상당한 사람들과 전상자들을 치료하며 고아들을 양육하는 사업을 중요한 국가적 및 사회적 사업으로 인정하고 이에 커다란 관심을 돌려야 하겠습니다." 김일성, 「인구 증식 관련 사업 강화에 대하여」, 『김일성 저작집』, 제8권, 39.

38 『김일성 저작선집』 제1권의 「모든 것을 전후 인민경제 복구발전을 위하여」에는 나오지 않았던 인구 증식에 관한 언급은 1979년 제작된 『김일성 저작집』 제8권에 추가되어 있다. 김일성, 「모든 것을 전후 인민경제 복구발전을 위하여(1953년 8월 5일)」, 『김일성 저작집』, 제8권, 39.

여성들의 노동력을 이끌어내면서 한편으로는 돌봄과 양육 문제를 사회화하는 정책과 제도가 뒤따랐다. 이러한 여성 친화적인 정책은 사회주의 건설기에 실시한 남녀평등 정책과는 또 다른 현실적인 목적에서 수립되었다. 여성의 노동력을 재건의 현장에 동원하기 위해서는 그동안 여성에게 부과되었던 돌봄 노동의 부담이 줄어야 했던 것이다.

전후 복구 사업은 도시를 중심으로 시행되었기 때문에 공업 인프라가 특정 지역에 집중되는 결과를 낳았다. 도시의 노동력 수요가 높아지면서 농촌의 인력이 도시로 대거 이동했고, 그 결과 1970년대 초반 도시 집중화 현상이 나타났다. 그동안 인구는 꾸준히 증가했고, 1970년대 중반 이후에는 도시 과밀화 문제가 나타났다. 이에 따라 포괄적인 인구 억제 정책의 필요성이 제기되었는데, 적극적인 억제 정책은 피임 기구가 확산된 1980년대에 이르러서야 시작되었다.

북한의 인구 센서스에 의하면 출산율은 1960년대 6.54명, 1970년대 4.28명을 거쳐 1980년대 2.59명, 1990년대 2.17명, 2008년 2.01명으로 계속 감소하는 추세다. 1990년대 들어 출산율 감소가 두드러지자 1993년 11월에는 '낙태 금지령'이 실시되었다. 그러나 식량난을 거치면서 인구가 급격하게 감소하고 인구 성장이 저조한 상황이 지속되자 인구 정책의 기조가 전쟁 직후와 같이 출산을 장려하는 방향으로 전환되었다.[39]

---

39 정영철 외, 『북한 인구의 동태적 및 정태적 특징과 사회경제적 함의』, 10.

남북한의 인구 증감 문제는 시기적으로 비슷한 양상을 보였다. 북한 사회의 전후 인구 감소와 1970년대 이후 인구 증가에 따른 문제는 한 국 사회의 시기별 인구 문제와 크게 다르지 않다. 차이점이 있다면 전 후 발생한 고아 문제에 대한 국가의 관점을 들 수 있는데, 북한은 다산 정책의 일환으로 인민에게 전쟁고아 입양을 독려하거나 제도적으로 고아를 양육하는 '학원'[40]을 만들었다. 북한은 다산 정책을 통해 총체 적인 가족국가를 지향하며 내부 결속을 다졌고, 국가 정책에 인민들이 적극적으로 참여하도록 독려했다. 한편, 노동인구의 중요성은 지속적 으로 강조되었다. 노동인구를 충분하고 적절하게 확보하는 일은 사회 를 구축하고 존속하는 데 필요한 물질적 재화의 생산을 담보하기 때문 이다. 사회 건설의 역군인 인민의 수를 늘리기 위해 인구 증식 정책은 분배 문제와 관련하여 면밀하게 계산되었다.

국가 건설기에 시행된 여성 정책은 급진적이고 혁명적인 관점을 드 러냈지만, 이후의 여성 정책은 여성에 대한 권력의 이중적 관점을 노 골적으로 드러낼 뿐이었다. 권력은 남녀가 평등한 사회를 표방하면서 여성에게 노동과 사회적 희생을 요구했고, 인구 증감에 따른 재생산 문제를 여성만의 임무로 부과했다.

---

40 북한의 대표적 학원인 '만경대혁명학원'은 국가를 위해 희생한 사람들의 유자녀 를 핵심 인재로 양성하며, 혁명 정신을 재생산하는 정치 군사적 차원의 의미를 지 닌 곳이다.

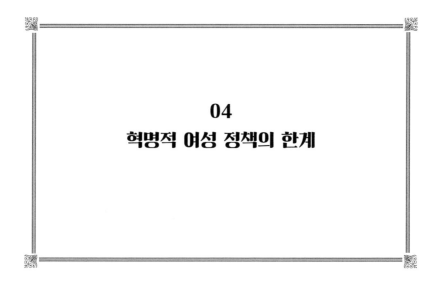

04
혁명적 여성 정책의 한계

봉건적 가부장의 반격

　북한의 국가 건설기에 시행된 여성 정책은 정권의 폭넓은 혁명적 목표의 일부로서 사회 개혁에 뚜렷한 흔적을 남겼다. 토지개혁 법령과 노동 법령은 여성을 사회적 개체로 인정했으며, 남녀평등권 법령은 여성이 사회, 정치, 문화 모든 영역에서 완전히 평등한 주체임을 명시했다. 특히 남녀평등권 법령은 김일성이 실현하고자 하는 사회 개혁에 부합하는 의제였다. 이 시기 여성에 대한 담론은 항일 무력 투쟁 과정에서 나타난 여성들의 투쟁과 희생을 강조했는데, 이를 통해 전통적 여성 역할을 강요하는 기존의 관념에 도전하였다. 이는 1946년이라는 시의적 의미에서 볼 때 매우 선진적이고 혁신적인 정책이었다. 대중은 김일성의 개혁안을 지지했으나 평등권에 대한 남녀의 입장은 달랐다. 지도부 내부에서도 급진적 여성 정책을 우려하는 세력이 있었다.[41] 그러나 우려와 달리 남녀평등권 법령에서 규정하는 것과 같은 평등권은 실현되지 않았다. 사회적 의식이 제도를 따르지 못했기 때문이다. 무엇보다 가부장 질서를 청산하지 못한 현실에서 여성에 대한 봉건적 사고와 인습이 워낙 뿌리가 깊다 보니 여성 정책이 제대로 시행되지 못했다. 여성의 사회 진출에 대한 부정적 인식은 해방 직후부터 남녀평등권 법령의 반포 이후에도 지속되었고 현실적인 갈등으로까지 표출되었다.

토지개혁 법령과 노동 법령은 인민들의 지지와 성원 속에서 어느 정도 성과를 이루어낼 수 있었다. 반면 남녀평등권 법령은 여성들의 적극적 호응을 얻었으나 남성들에게는 외면당했다. 1947년 1월에 공표된 '북조선의 봉건유습 잔재 퇴치를 위한 법령'[42]은 남녀평등권 법령의 후속 법령이었다. 남녀평등권 법령이 공표된 후에도 남아선호와 축첩

---

41 연안파는 남녀평등법을 조선 사회의 가부장제를 공격하는 것으로 표현했다. 미군의 정보 보고서에 따르면, 이 법에 불만을 품고 월남하는 사람들도 있었다. 이 보고서는 북한의 남녀평등법이 "남성들에게 상당한 쓰라림을 안겨주었다"라고 기록하고 있다. Charles K. Armstrong, 『북조선 탄생』, 김연철, 이정우 옮김 (파주: 서해문집, 2006), 154.

42 법령은 4개 조항과 비고 문항으로 구성되어 있는데, 4개 조항 모두 결혼과 관련된 봉건 유습 잔재를 퇴치할 것을 명시하고 있다.

등의 문제가 여전했고,[43] 여성 차별적 인식이 사회 전반에 남아 있었기 때문에 새로운 후속 법령이 필요했던 것이다. 여성의 자유와 권리를 확대하려는 사회 제도가 생겨날수록 남성들이 누리던 기존의 일상 문화는 비판받아야 했고 가부장 질서에 기반한 그들의 권력 역시 축소되어야 했다. 남성들의 불안과 불편함은 새로운 제도를 수용하는 데 대한 저항으로 나타날 수밖에 없었다.

북한 권력은 남녀평등을 지향하는 제도를 신설하는 동시에 남성 위주로 구성된 지배층의 암묵적 지지 속에 가부장 질서를 통치 전략 및 전술에 활용했다고 할 수 있다. 권력은 열녀전과 현모양처 담론을 공산주의 어머니론과, 남성을 보필하는 혁명적 여성 담론으로 대치시켰다. 또한 전쟁 후부터 모든 여성의 노동력을 생산 현장으로 이끌어 내기 위해 여성들의 사회화를 독려했다. 전후 복구 3개년 계획의 마지막 단계에서는 여성 노동 증대 정책을 실시했는데, 여성들은 대부분 경공업 분야에 배치되었다. 중심 산업인 중공업 분야는 철저하게 남성의 영역이었다. 이처럼 권력은 성 분업을 활용해 생산 증대를 도모했다.[44]

---

43   윤미량, 『북한의 여성정책』, 77.

44   박영자, 「북한의 여성평등 정책의 형성과 굴절: 북한여성의 정치사회적 지위변화를 중심으로」, 북한연구학회 편, 『북한의 여성과 가족』 (서울: 경인문화사, 2006), 258~259.

어버이 수령과 가족국가

정책을 통해 사회구조를 일거에 개혁하거나 사회구성원을 온전히 개조하기에는 사회 전반적으로 어려움이 있었다. 무엇보다 진보적 여성 정책에도 불구하고 여성 스스로가 국가의 이념에 부합하지 않은 소극적인 모습을 보였기 때문이다. 수차례에 걸친 김일성의 여성 의식 관련 연설에서 드러나듯, 국가의 정책과 호명에도 불구하고 봉건 사회에 익숙하던 여성들이 완전히 새로운 의식을 가지고 개조되기란 어려운 일이었다. 변화는 점진적으로 진행되었다. 예컨대 사적 영역에서 혼인과 같은 뿌리 깊은 관습이 근대적인 모습으로 변모하기까지는 1955년 실시된 혼인 등록 제도('공민의 신분등록에 관한 규정')뿐 아니라 수십년 지속된 동원 체제와, 역시 지속적이고 조직적인 다양한 사회 참여 활동이 뒷받침되어야 했다.

혁명적 여성 정책에도 불구하고 국가 건설기에 내건 사회주의 여성해방 이념이 실현되기 어려웠던 이유는 이 이념이 국가의 '진보적' 가부장 질서와 충돌하면서 굴절되었기 때문이다. 급진적 개혁 법령을 통해 남녀평등의 이념은 표방했으나 가부장적 가족관계를 해체하려는 사회적 합의는 뒤따르지 않았다. 북한 권력은 오히려 자신의 체제를 어버이 수령과 당, 인민으로 구성된 위계적이고 상징적인 가족사회로 규정하였기 때문에 인민은 권력에 복종하는 자식이 되어 가부장이 지배하는 사회를 공고히 하는 존재여야 했다. 여성 대부분이 이러한 기반을 문제 삼지 않았는데, 이는 봉건적 문화와 일제강점, 그리고 전쟁이라는 특수한 사회적 조건으로 인해 여성들이 과거의 여성억압 형태에서 표면적으로 진일보하는 데 만족하였기 때문인 것으로 추측된다. 다만, 토지 분배와 여성의 사회 참여와 같은 개혁 과정에서 여성은 사회의 구성원으로 인정받았다.

1950년 전쟁이 발발하자 북한 권력은 민족주의를 강조하며 한국전쟁을 인민적 정의의 전쟁이라 명명했다. 여맹의 초대 위원장 박정애는 여성을 앞장세운 전인민의 동원 체제를 "여성해방의 일체화"[45]라고 규정했다. 박정애는 여성들에게 "민족을 위해 국가와 가족의 운명이 일체임을 강조하여 전쟁에 나간 남성들을 위해 민족적 적개심으로 빛나는 위훈을 세우라"[46]라고 말했다. 여기에는 여성들을 민족주의 담론과 가족공동체 질서에 순응하게 만들어 남성 중심의 위계 질서를 공고히 하려는 의도가 담겨 있다.

---

45 "우리가 진행하는 인민적 정의의 전쟁을 끝까지 완수하기 위하여 우리의 전투력을 최고도로 강화하는 데 녀성들의 일체 력량을 집결하여야 할 것이다. 특히 북반부 녀성들은 남녀평등권 법령 실시 4주년을 맞이하여 남반부 녀성들에게 우리가 향유하고 있는 남녀평등권 법령을 하루속히 누리게 하기 위하여 고도의 애국사상으로 무장시켜 … 고도의 긴장성과 경각성 밑에 우리 후방을 반석같이 수호하라." 박정애, 「전 조선 녀성들은 인민의 원쑤를 소탕하는 정의의 전쟁에 총궐기하자」, 『조선녀성』, 1950년 7월호, 11.

46 박정애, 「전체 조선녀성들에게 보내는 조국통일 민주주의 전선 중앙위원회 호소문」, 『로동신문』, 1951년 3월 9일.

이러한 전쟁 담론 속에서 혁명적 여성 정책은 굴절되기 시작했고, 전후 시기인 1956년 합의 이혼이 폐지되면서 굴절의 흐름이 처음으로 공식화되었다. 남녀평등권 법령이 공표된 지 불과 10년 만의 일이었다. 합의 이혼 폐지는 여성의 성적 자율성을 축소하는 정책으로 진보적 여성 정책의 후퇴를 의미했다.

여성 정책의 두 번째 굴절은 '성별화 노동 정책'[47]에서 나타났다. 1960년대에는 남성을 중공업에, 여성을 경공업에 배치하는 성별 노동 분업 정책이 시행되어 남성 중심의 성별화 산업 정책을 공고화했다. 1978년 4월 최고인민회의 제6기 2차 회의에서 채택한 '조선민주주의인민공화국 사회주의 로동법'은 여성 노동자를 보호하는 업무 배치와 보호 정책을 규정하였다. 경공업, 문화, 교육, 편의 봉사 등의 노동 분야를 여성들이 일하기에 적합한 직종으로 지정하여 성별에 따른 '적재적소 배치원칙'을 실시했다.[48]

굴절의 세 번째 흐름은 '가정 혁명화'에서 나타났다. 경제가 침체된 1980년대에는 가정의 혁명화라는 명목 아래 일하는 여성들이 집으로

---

47 1962년 2월 내각명령 3호와 1967년 10월 내각명령 70호에서 성별 배치를 규정하였다. 리경혜, 『여성문제 해결경험』 (평양: 사회과학출판사, 1990), 96.

48 성별 분업의 근거는 다음과 같이 제시되었다. "첫째, 여성은 남성에 비해 약하다, 둘째, 여성은 아이를 낳고 가사를 책임져야 한다, 셋째, 여성은 남성에 비해 섬세하고 알뜰하다." 리기섭, 『조선민주주의인민공화국 법률제도(로동법제도)』 (평양: 사회과학출판사, 1994), 126~127.

돌아가 혁명하는 남성을 돌보아야 한다는 여성 담론이 등장했다. 그 결과 여성들의 일자리가 줄어들고 육아 부담이 커졌다. 국가 권력은 사회주의 건설을 이루고 체계화하는 단계에서 진보적 여성 정책을 이런 식으로 굴절시켰다. 그 결과 여성해방을 내세운 여성 정책은 가부장 질서를 앞세운 성 통치의 도구로 전락했다.

박탈된 권리들

북한은 국가 건설기에 공표한 급진적 3대 법령을 통해 전통적 대가족 제도를 해체시키고 이를 부부 중심의 가구로 재구성했다. 이 과정에서 여성의 주체성 내지 자율성과 직결되는 가장 중요한 규정 조항은 남녀평등권 법령의 자유로운 결혼과 이혼에 관한 조항이었다. 그런데 앞서 언급했듯 1956년 합의 이혼 제도가 폐지되면서 자유롭게 이혼할 수 있는 권리가 사실상 부정되었다. 이는 남녀평등과 여성해방 이념을 훼손하는 것이었다.

한편 북한의 헌법 조항에서도 여성해방 이념은 부분적으로 모순되게 나타난다. 1948년 인민공화국 헌법의 여성 관련 조항은 여성의 권리 향상을 규정하고 있지만, 23조의 "혼인 및 가정은 국가의 보호 밑에 있다"라는 서술은 국가적 통치 권력이 개인과 가족의 구성에 개입한다는 의미를 노정하고 있기 때문이다. 이것은 사실상 국가 권력이 여성의 권리를 축소하고 여성을 사회의 세포로 규정하여 가족을 강화시키며, 이를 통해 혁명을 지속하는 가정 혁명화를 도모하려는 전략이다. 가정 혁명화는 여성에게 언제든 동원되는 노동자이자 가정에 충실한 어머니가 될 것을 강요한 이중적 억압 체계의 단면을 보여준다. 사회에서는 노동의 주체가, 가정에서는 양육의 책임자가 되어야만 했던 것이다. 북한 여성들은 헌법이 제정될 때부터 이미 남녀평등이 실현되기 어려운 사회적 여건에 놓여 있었다.

사회적 환경에 따라 국가가 결혼 연령을 규정하면서 자유롭게 결혼할 권리 역시 보장되지 않았다. 남녀평등권 법령에서 규정한 결혼 연령은 여성 만 17세 이상, 남성 만 18세 이상이었다. 그러나 인민들은 의무적으로 군에서 10년을 복무해야 하기 때문에 제대 이전의 결혼이 사실상 어렵다. 이러한 조건과 더불어 사회주의적 인간이 된 후에 혼인 생활을 해야 한다는 북한 사회의 원칙은 만혼을 독려한다. 이러한 현실을 반영한 듯 1971년 6월 김일성사회주의청년동맹 6차 대회에서 북한 권력은 결혼 연령을 남성 32세 이상, 여성 27세 이상으로 수정했다.

학내 연애 금지, 군 복무 중 결혼 금지 등의 현실을 감안할 때 '만혼 장려'는 법적 구속 이상의 힘을 발휘한다.[49] 이는 혁명의 과업을 완수할 것을 요구하는 당의 정책이 효력을 발휘한 것으로 볼 수 있다. 이처

---

49 이태영, 『북한여성』 (서울: 실천문학사, 1987), 44~45.

럼 국가는 인민들의 노동력을 점유해 그들의 몸을 통제하려는 시도를
지속하고 있다.

두 번째,

가부장 권력과 섹슈얼리티

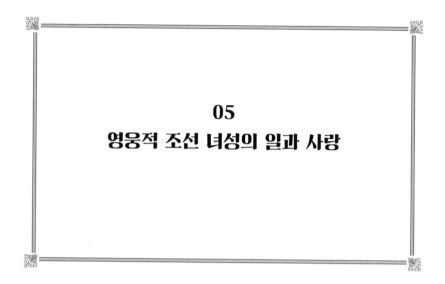

05
영웅적 조선 녀성의 일과 사랑

농업 협동화와 천리마 운동

1950년대에 들어 북한에서 극심한 노동력 부족 현상이 나타난 이유는 노동 가능 인구 상당수가 참전했기 때문이다. 전쟁터에 참가했던 청장년층의 사망으로 전후 복구 사업 역시 어려움을 겪었다. 아울러 전쟁 시기에는 출생률이 낮았으므로 전후 생산성 증대 문제가 국가적 해결 과제로 떠올랐다.

1950년대는 전후 복구 사업을 둘러싼 패권 갈등이 드러난 시기다. 전후 복구 방식에서 '인민경제 복구건설 3년 계획'을 둘러싸고 중공업을 중시한 김일성을 중심으로 한 주류파와 경공업을 중시한 연안계 및 소련계의 정치적 갈등이 증폭되었다. 1956년에 발생한 '8월 종파사건'에서 숙적을 제거한 김일성은 국가 권력 전반을 장악하며 사회주의 국가를 만들기 위한 개조 사업을 적극적으로 밀고 나갔다. 그 대표적인 사업 중 하나가 농업 협동화였다. "농업 협동화는 기층생활 단위인 가족의 풍습에도 변화를 몰고 왔다."[50] 농촌에서 대가족이 함께 사는 풍습은 유지되었지만 여성들의 지위가 상승했고, 농민은 조직화된 노동자로 전환되었다. 여성들은 기존 대가족의 종속 관계에서 벗어나 국가와 관계를 맺는 주체가 되었으나 이들에게는 여전히 생산과 재생산의 임무가 부여되었다.

한편 북한 권력은 인간 개조론을 통해 인민의 주체성을 확립하고 그들에게 국가의 부름에 동원되는 사회적 인간이 되어야 함을 강조했다. '사회적 인간'이란 민주적 개인주의를 배제하고 국가에 동원되는 몸으로서 국가를 중심으로 인간관계를 구성하는 새로운 인간을 의미한다. 새로운 인간은 남녀의 구분이 없었다. 모두가 평등한 노동의 주체일 뿐이었다. 당은 인민들을 조직화하기 위해 새로운 인간과 구태한 인간을 구별했다. 노동자, 농민, 인텔리 계층 중에 새로운 이념에 따르는 사람과 그렇지 않은 사람을 구획하여 선별하고 배제하는 담론을 펼쳤고, 인민들의 조직 구성에서 규율을 강조해 국가의 통치를 확고히 하고자

---

50 김성보, 『북한의 역사 1: 건국과 인민민주주의의 경험 1945~1960』 (서울: 역사비평사, 2011), 189.

했다.

> 당은 로동자, 농민, 근로 인텔리들 중에서 우수한 선진 분자들을 자기
> 대렬에 많이 받아들이고 동요하는 소시민과 건달군을 몰아냈으며 당
> 내에 강한 조직규률을 확립하였습니다. 우리는 많은 새 간부들을 양
> 성하고 근로성분의 열성분자들을 많이 등용하여 중앙으로부터 하부
> 에 이르는 각급 당 기관들을 유능한 간부들로 꾸려놓았습니다.[51]

북한 권력은 사회 건설을 위해 인민들을 동원의 주체로 규정했다.
참여와 동원은 봉건 사회의 백성으로 살아오던 사람들에게 집단주의
적 각성을 일깨우고, 국가의 통치가 수월하게 작동하도록 그들을 의식
화하는 중요한 정치 기제였다.

1950년 7월 26일 공포된 군사위원회 결정 23호 '전시의무 로력동원
에 관해서'는 국가가 합법적으로 생산과 수송 및 복구 사업에 일정한
연령대의 일반 공민을 강제로 동원할 수 있는 근거를 마련했다. 전쟁
이후에도 이러한 동원 체제와 전시 체계는 사회 모든 곳에서 기초적인
조직 원리가 되었다. 전후 복구 사업에 참여한 사람들을 군대식 대대,
중대, 소대로 편재하여 군사 칭호를 부여했고, 대학 조직도 군대식으로

---

51 김일성, 「모든 힘을 민주기지의 강화와 조국의 통일 독립을 위하여: 북조선로동당
    제2차 대회에서 한 결론(1948년 3월 29일)」, 『김일성 저작선집』 제1권, 246.

구성했다. 이러한 유사시 동원 체제에 기반해 집단주의를 실현하고 노동 생산성을 증대시킨 모범적인 조직화 사례로 '천리마작업반 운동'[52]을 들 수 있다. 천리마 운동은 경제 혁신 운동일 뿐 아니라 사회 전반에 광범위하게 확산된 노동 규범으로 자리하게 되었다.

> 천리마 운동은 ① 혁명전통 교양, 당 정책 교양, 계급 교양, 공산주의 교양을 부단히 강조하는 사상부문의 혁신운동 ② 공업뿐 아니라 근로인민들의 삶을 영위하는 모든 사회단체에 전개된 운동 ③ 개인 단위가 아닌 작업반 단위의 혁신 운동 ④ 일시적인 시기에만 적용되는 운동이다. 1959년 3월 8일 평안남도 강선제강소의 작업반이 최초로 조직되었고 이에 대해 '천리마작업반'이라는 영예의 호칭을 부여받은 후 보다 심화된 형태인 '천리마작업반 운동'으로 발전되었다.[53]

전후 복구를 위해 노동 경험이 없고 집단 규율에 익숙하지 않은 노동자들이 대거 충원되자 국가는 생산성 하락 문제를 타결하기 위해 전시에 준하는 강한 규율과 노동 정책을 만들었다.[54] 이와 더불어 인민을

---

52 류길재, 「천리마 운동과 사회주의 경제 건설: 스타하노프 운동 및 대약진 운동과의 비교를 중심으로」, 최청호 외, 『북한 사회주의 건설의 정치경제』 (서울: 경남대학교 극동문제연구소, 1993), 68.

53 직업동맹출판사 편, 『천리마 기수독본』 (평양: 직업동맹출판사, 1963), 35.

54 김연철, 『북한의 산업화와 경제정책』 (서울: 역사비평사, 2001), 121~124.

규율하며 생산성을 고취하기 위한 운동 차원의 담론을 만들었던 것이다. "1959년 3월에 처음으로 등장한 천리마작업반 운동은 1960년 북한의 기본적인 노력 경쟁 운동으로 자리 잡게 되었다."[55] 국가가 장려하는 천리마 운동은 전후의 시대적 요구와 현실을 체현하고 있는 인민들을 서로 경쟁시키며 개조시키는 핵심 요소로 등장했다. 천리마 운동은 특히 노동력을 적극적으로 동원하기 위해 집단주의와 '속도전'을 강조했다.

> 자기가 하는 로동의 의의를 자각할 때만이 집단과 미래를 사랑하고, 개인의 리익보다 집단의 리익, 미래의 리익을 앞세우고 옹호하는 사상을 가지게 된다. … 로동의 량과 질을 정확히 평가하고 사회주의 분배 원칙을 철저히 관철하여 물질적 자극을 부단히 높여야 한다.[56]

김일성은 식민지 시대와 해방 전후에 사용되던 '증산운동' 등의 명칭을 속도전으로 바꿈으로써 생산력 증대가 국가적으로 매우 시급한 과제임을 강조했다. 속도전은 평상시와 달리 생산성을 막대하게 증대시켜야 하는 임무를 요구한다. 그 요구를 충족하기 위해서는 전체 생

---

55 이성봉, 「1960년대 북한의 노동정책과 분배」, 경남대학교 북한대학원 편, 『북한현대사 1』(파주: 한울아카데미, 2004), 406.

56 백재욱, 『천리마 운동은 사회주의 건설에서의 우리당의 총로선』(평양: 조선로동당출판사, 1965), 61.

산량을 늘리고 그 목표를 초과적으로 달성할 것을 독려하는 운동이 필요했다.

북한 권력은 속도전과 집단주의를 기반으로 조직화와 동원을 체계화하고 노동력을 관리하며 그런 식으로 사회 체제를 유지하는 전략을 지속했다. 이 전략은 근대의 사회적 흐름 속에서 거대권력이 몸과 의식에 행사되는 '권력의 미시물리학'[57]과도 연결된다. 개인 스스로 자신의 몸을 집단 속에 조직화 된 일부분으로 여기게 하는, 내면화된 억압 기제를 이용한 통치 전략이었던 것이다.

북한의 통치는 노동 부문에서 생산량을 초과 달성하는 자기 초월적 인간상을 요구하고, 국가에 충성하는 인간상을 영웅화하며 재생산한다. 인민을 속도전의 주체로 불러내는 국가의 호명 담론, 즉 국가를 건설하는 애국 인민이라는 명칭은 위로부터의 강제와 아래로부터의 자발적 동원이 조우하도록 하는 효율적인 기제였다.

혁명적 사랑관

북한 권력은 남녀평등을 주장하는 한편, 전통적 여성성과 남성성을

---

57 Michel Foucault, *Discipline & Punish: The Birth of the Prison*. Alan Sheridan trans. (London: Penguin Books. 1997), 28.

기초로 하는 전통적 사랑관을 혁명적 사랑관으로 변화시키려 했다. 아울러 남녀 간의 사랑도 혁명을 위한 사랑이 진정한 사랑임을 강조했고, 혁명적 사랑관을 섹슈얼리티의 규범으로 제시했다.

량Sonia Ryang은 북한 문헌에 나타난 이상적인 사랑의 관계에서는 '주권적 사랑'sovereign love[58]을 가진 지도자의 개입이 반드시 필요하다고 지적한다. 북한에서 "남녀 간의 연애는 그 자체만으로는 의미 있는 관계를 만들기에 미흡하며 남녀가 각각 지도자와 공통된 정서적 관계를 맺는 것으로 관계가 완성"[59]된다. 이러한 규범적 이성애 관계에서 진정한 사랑이란 혁명에 복무하는 것이며, 부부의 사랑 역시 사회주의를 떠받드는 혁명성이 담보되어야 한다. 북한에서 부부는 국가의 생산성을 높이는 임무를 가진 이들의 사회적 결합으로 규정되었다. 결혼으로 맺어진 부부는 국가적 성 담론에 따라 혁명성을 담보하는 대상이었으며 국가를 위한 희생과 생산성의 극대화를 도모하는 결합으로 규범화하였다. 국가 권력은 가족관도 혁명적으로 변화시켰다. 핵가족화가 급속하게 진행되었고, 가정은 사회의 가장 작은 단위인 세포로 규정되

---

[58] 주권적 사랑이란 김일성에 대한 '민족의 무한한 사랑'을 의미한다. 권헌익, 정병호,『극장국가 북한: 카리스마 권력은 어떻게 세습되는가』(파주: 창비, 2013), 31에서 재인용. Sonia Ryang, "Biopolitics, or the Logic of Sovereign Love: Love's Whereabouts in North Korea," *North Korea: Toward a Better Understanding* (Lexington Books, 2008), 57~58.

[59] 권헌익, 정병호, 『극장국가 북한: 카리스마 권력은 어떻게 세습되는가』, 135.

었다.

한편, 국가는 전쟁 기간 동안 여성들의 혁명성을 더욱 요구했는데, 그 혁명성의 내용은 주로 가정과 국가를 지키기 위해 목숨을 걸고 전장에 나간 남편을 따르는 순종적 태도를 함양하는 것이었다. 또한 남성을 대신해 후방에서 생산을 담당하는 것이 여성들의 덕목이 되었다. 김일성은 열정적이고 적에 대한 증오심이 높은 여성을 혁명적 여성이라 칭하며 그들을 군과 당에서 간부로 활용할 것과, 여성들의 노동력을 이용해 남성 중심의 노동 전선을 보충할 것을 지시했다. 특히 사무직 노동자를 대부분 여성으로 교체하고 남성들은 생산직 일터로 배치하도록 했다. 그러면서 계속해서 항일 투쟁의 경험에서 나타난 여성들의 힘과 애국심을 상기시키며 여성들의 노동력이 필요함을 강조했다.

> 녀성로력을 광범히 끌어들여 우리의 로력전선을 보충하며 확대하여야 할 것입니다. 조국해방전쟁 과정에서 뚜렷이 나타난 바와 같이 우리의 영웅적 조선녀성들은 무진장한 힘을 가지고 있습니다. … 녀성들의 체질과 소질에 맞는 경공업 부문에 많은 녀성로력을 끌어들여야 할 것입니다. 상업, 체신, 보건, 문화, 교육기관 등에서 사무보는 일에 녀성로력을 대대적으로 써야 할 것이며 그들의 근무를 위하여 여러 가지 편리는 도모하여야 할 것입니다. 그리하여 많은 사무기관에서 남성로력을 녀성로력으로 교체하여 남자들을 생산직장으로 돌려

야 할 것입니다.[60]

애국노동으로 규정된 동원은 신성한 의무가 되었고, 여성들의 자발적 동원이 고무되고 조직화되었다. 이 시기에는 국가 차원의 여성 담론도 변해 여성이 주로 생산의 주체로 규정되었다. 그러나 노동 부문에서의 '성별 분업'[61]은 여성 노동력을 생산 현장에서 주변화시키고 남성 노동력을 대치하는 역할로 규정하는 결과를 가져왔다.

---

60 김일성, 「모든 것을 전후 인민경제 복구발전을 위하여: 조선로동당 중앙위원회 제6차 전원회의에서 한 보고(1953년 8월 5일)」, 『김일성 저작선집』 제1권, 424~425.

61 1961년 경공업 부문의 노동자 중 90% 이상이 여성이었고, 1964년에는 전체 노동자 중 여성의 비율이 49%에 이르렀다. 김애실, 「경제체제와 남북한 여성의 경제적 지위」, 이배용 편, 『통일을 대비한 남북한 여성의 삶의 비교』(서울: 이화여자대학교 한국여성연구원, 1997), 128~129.

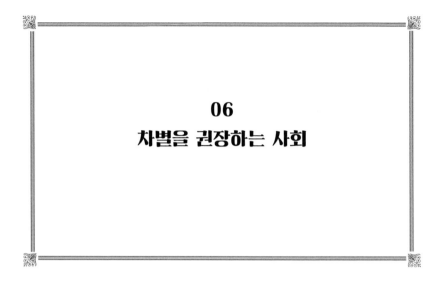

06
차별을 권장하는 사회

성분 사회

북한 사회에서 결혼은 혁명적 사랑관을 가진 사람들의 결합이어야 한다. 결혼은 개인들의 일이 아니라 국가의 세포가 될 기능적 단위들의 사회적 결합을 의미한다. 북한의 가족법에는 인민들이 자유롭게 결혼할 권리가 명시되어 있다. 하지만 '성분' 제도의 영향을 크게 받기 때문에 결혼 상대를 정할 때 역시 제약을 받는다고 할 수 있다. 북한은 한국전쟁 이후 전체 인민을 대상으로 성분 조사 사업을 수차례 실시하여 성분 제도를 확립했다. 이 제도는 출신과 사회적 성분에 따라 인민을 핵심 군중(핵심 계층), 기본 군중(동요 계층), 복잡 군중(적대 계층)이라는 세 계층으로 구분한다. 핵심 군중에는 국가를 위해 희생한 항일 애국 열사와 전사자 유가족 및 당 간부 등이 포함된다. 기본 군중은 일반 노동자와 기술자, 농민, 교원 등으로 이루어져 있으며 인민의 절반 정도가 이 계층에 해당한다. 복잡 군중은 국가의 감시를 받는 대상으로 과거 지주 출신, 자본가 가족, 친일 가족, 부역자 가족, 반당 반혁명 분자, 가족 중에 월남한 사람이 있는 집안이나 월북자 등을 포괄한다. 이러한 계층 분류는 사회적으로 광범위한 영향력을 행사한다. 계층에 따라 선택할 수 있는 주거지와 직업, 배급량 등이 다르기 때문이다.

북한에서는 사실상 '계급적 족내혼'이 권장되는데, 이러한 현상은 성분이 열등한 사람과의 결혼이 불이익을 초래하는 사회 구조가 효력을 발휘하고 있음을 잘 보여준다. 북한의 권력 계층이 지닌 사회적 지위는 성분에서 비롯되기 때문에 성분에 따른 계층의 구획은 일상을 지배하는 상징적, 현실적 권력의 표상이다. 권력은 제도로 확산될 뿐 아니라 규범으로 일상에서 더 깊이 작동한다. 사회 규범은 각 개인이 갖추어야 하는 역량과 목표가 되어 개인의 행동과 가치관을 지배한다. 규범화는 사람들이 규범이라는 일정한 사회적 기준에 스스로를 맞추어 적응하게 만들며, 적응하지 못하는 자들을 철저하게 배제한다.

한편, 계층의 분화에 따라 의식주를 망라한 영역에서 다양한 '구별짓기'가 나타난다.[62] 구조에 의해 생산되는 구별짓기는 개인의 문화적

---

62 프랑스 사회를 대상으로 한 피에르 부르디외의 문화 분석 작업(*La distinction*:

취향, 신체 발달, 건강, 사회적 지위를 선명하게 드러낸다. 구별짓기는 더 높은 계급으로 편입하려는 욕구, 즉 신분 상승과 다양한 문화 자본을 쟁취하려는 욕구를 생산하는데, 이를 충족하기 위한 개인의 노력은 섹슈얼리티를 통해 나타난다. 북한 사회의 성분 제도는 이러한 구별짓기의 사례라 할 수 있다. 성분이 우월한 사람들은 대학 입학이나 당원 선발 과정에서 혜택을 받았고, 당원이 되면 자연스럽게 신분 상승의 특혜를 얻을 수 있었다.

이러한 북한 사회의 구별짓기는 공간의 표상을 통해서도 나타난다. 지금부터는 탈북인을 대상으로 한 심층 면접에서 구술된 자료를 바탕

---

critique sociale du jugement, 1979)에서 제시된 개념으로 한 사회의 계급 분화 및 계급 구조를 유지시키는 기본 원리 중 하나다. 부르디외의 『구별짓기』는 칸트의 『판단력 비판』을 공격하는 것으로 시작한다. 칸트는 『판단력 비판』에서 모든 사람에게 공통감각이 존재하며 이를 근거로 미학 혹은 취향의 보편성을 찾을 수 있다고 주장했다. 이에 대해 부르디외는 그러한 보편적 취향이란 허구에 불과하다고 반박한다. 그에 따르면 취향이란 오히려 사회적으로 결정되는 것으로, 사람들의 취향에는 계급적 차이가 존재하며 이 취향의 차이가 계급 간의 구별짓기를 생성한다. 그는 구별짓기를 심미적 취향과 연결해 다음과 같이 설명한다. 미적 취향이란 개인이 "사회 공간 안에서 차지하는 특권적 위치의 구별짓기이기도 한데 … 다른 모든 취향과 마찬가지로 이것도 사람들을 묶어주기도 하고 단절시키기도 한다. 특수한 생활조건과 관련된, 조건의 산물인 이 미적 성향은 동일한 조건의 산물인 사람들을 모두 함께 묶어주는 반면, 그밖에 다른 사람들과는 구분시켜 준다. … 취향을 통해 사람들은 스스로를 구분하며, 다른 사람들에 의해 구분된다." Pierre Bourdieu, 『구별짓기: 문화와 취향의 사회학』, 상권, 최종철 옮김 (서울: 새물결, 2005), 114~115.; 홍성민, 『취향의 정치학: 피에르 부르디외의 「구별짓기」 읽기와 쓰기』 (서울: 현암사, 2012), 197~198.

으로 북한 사회의 성분과 권력, 섹슈얼리티에 관한 논의를 이어가겠다.

표 1 심층 면접 참여자 정보(2장과 3장 연구 참여)

참여자 코드	성별	연령	북한 거주 당시 지역	가족	북한 거주 당시 직업
사례 A	남	50대 초반	황해도	이혼, 아들2	연구원
사례 B	여	50대 초반	함경북도	남편, 딸1	교원
사례 C	여	30대 초반	함경북도	부모	교원, 외화벌이 사원
사례 D	여	40대 후반	함경북도	사별, 딸1	교원
사례 E	여	40대 중반	평양시	남편, 아들1	교원
사례 F	남	30대 초반	양강도	아내	체육 감독
사례 G	남	40대 초반	황해도	아내, 딸1	공무원
사례 H	남	70대 초반	양강도	이혼, 딸1	당 비서
사례 I	여	60대 초반	강원도	사별, 자녀2	요리사
사례 J	남	30대 중반	함경북도	아내, 아들1	체육 교원
사례 K	여	40대 중반	함경북도	사별, 아들1	주부
사례 L	여	40대 후반	함경북도	사별, 아들1	연구원
사례 M	여	30대 초반	함경북도	부모	상인
사례 N	남	60대 후반	평양시	사별, 자녀3	기자
사례 O	남	50대 초반	평안남도	아내, 자녀2	축산 연구사
사례 P	여	40대 중반	함경북도	이혼	주부
사례 Q	여	40대 중반	함경북도	이혼, 딸1	근로 단체 사원
사례 R	여	50대 초반	강원도	이혼, 자녀2	간호사
사례 S	남	60대 초반	함경북도	이혼, 아들1	기술자, 문인
사례 T	남	30대 초반	함경북도	부모, 누이	학생

사례 M은 "어릴 적 결혼 상대로 생각한 남성상이 사실 따로 없었어요. 무조건 평양 남자에게 시집가고 싶어 했죠"라고 진술했다. 무조건

평양 남자를 남편으로 맞이하고 싶다는 열망은 공간에 따른 사회적 구별의 결과인데, 고난의 행군기 이후로 평양에 대한 열망은 더욱 커졌다. 평양의 거주 인구는 전체 인구의 10분의 1 정도에 불과하지만 국가의 모든 것이 평양 중심이기 때문이다. 식량 배급이 끊겼던 고난의 행군 시기에도 그곳에는 식량이 공급되었다. 다른 지역과 비교해볼 때 평양은 확실히 차별화된 공간이라고 할 수 있다. 평양에 대한 열망은 남성에게서도 나타난다.

> 아내가 결혼식 승인번호를 겨우 얻어가지고 공식적으로 들어갔어요. 평양이란 곳이 그렇게 희한할 수가 없어요. 상점에서 희귀한 물품들을 몇 벌 사 입고 보니 천국 같은 거예요. _사례 S

사례 S의 경우 누나가 근로자로 이주해 살고 있었던 평양에 큰 환상을 품고 있었다. 사회에서 말하는 평양은 아무나 갈 수 없는 특별한 공간이며 평양 시민이 된다는 것은 신분 상승과 관련해 특별한 의미가 있었다. 탄광 기술자며 작가였던 사례 S는 결혼을 약속한 여성을 버리고 누나가 소개한 평양 여성과 결혼했다. 그러나 평양에는 정작 결혼식 때만 한 번 가보았을 뿐이다. 평양에 가려면 정식 허가증이 있어야 하는데, 결혼한 사이라고 해서 허가증이 나오는 것은 아니었기 때문이다. 그의 아내는 남편을 평양으로 데려오기 위해 6년 동안 애썼지만 아내 역시 온전한 평양 시민이 아닌 이주노동자였기 때문에 부부의 평양

정주는 허락되지 않았다. 이처럼 평양은 단순한 물리적 공간을 넘어 계층을 구별하는 특별한 공간이었다.

구별짓기

성분 사회의 특성상 사람들은 결혼 상대를 고려할 때 사람이 아닌 배경을 기준으로 삼게 된다. 계급 사회에서 결혼이란 개인의 문제가 아니라 집안 전체의 사회적 지위와 관련된 문제기 때문이다.

사례 B와 사례 A의 진술에 의하면 인민 대부분은 결혼을 '까치는 까치끼리, 까마귀는 까마귀끼리' 하는 것으로 인식한다. 그만큼 결혼은 비슷한 부류 간에 이루어지는 것이 일반적이라는 의미다. 사회적 출세를 염두에 두는 사람은 결혼을 생각할 때 사랑이나 신뢰보다 성분과 배경 조건을 더욱 신중히 고려한다. 사례 B의 경우 자신의 성분은 좋았으나 상대 남성의 성분이 자신의 집안에 미치지 못했다. 이렇게 성분이 서로 다른 계층 문제는 결국 양 집안의 갈등으로 이어졌다.

> 서로 대등한 대상을 찾아야 하는데 … 하고 보니 양측 부모가 반대를 해가지고 약혼 후에 갈등이 있었지요.   _사례 B

사례 A는 북송 재일교포 출신이다. 북한 사람들은 북송 교포를 일본

인으로 인식해 이들과의 결혼을 꺼렸기 때문에 북송 교포의 결혼은 대부분 그 집단 내에서 이루어지는 편이었다. 북송 교포들의 경우 그 집단 내에서도 차이가 있는데, 보통 1970년도 이후에 북한으로 온 사람들이 1960년대에 먼저 와서 자리 잡은 사람들보다 경제적으로 안정되고 문화적 취향이 앞선다는 평가를 받는다. 사례 A는 스무 살에 약혼해 이듬해 결혼했는데, 자신을 북으로 데려온 할아버지가 돌아가시고 의지할 데가 없어 일찍 결혼했다. 당시 그는 자신과 같은 문화적 배경을 지닌 여성을 원했다. 1970년대 이후 북한에 온 북송 교포로서 문화적 취향이 비슷한 사람, 일본어를 사용하고 일본에 친척이 있어 경제적 지원을 받을 수 있는 사람을 원했다. 그런데 당시 생면부지의 '이상한 아줌마'였던 장모가 학교에 찾아와 일본 음식을 대접하겠다며 그를 자신의 집에 데려갔다고 한다. 그녀는 집에서 자신의 딸을 소개하며 그의 마음을 사기 위해 노력했다.

> 이상한 아줌마들 몇 명이 와서 같은 처지의 북송 교포라며 '배고프지?' 하며 집에 데려가 자신의 딸과 혼인시키려 했어요.　_사례 A

　이상한 아줌마들이라는 집단은 북송 재일교포 출신들이다. 같은 문화적 배경을 지닌 사위를 원했지만 그 수가 많지 않았으므로 자신들이 직접 나서 젊은 북송 교포 남성들을 접촉하고 그들을 집에 데려가 딸을 선보이는 전략을 취했던 것이다. 이처럼 북한 사회의 결혼 제도는 성분과 배경을 기준으로 하는 구별짓기가 가장 극명하게 나타나는 지점 중 하나였다.

사례 S에 의하면 북한에서는 같은 직종에 종사하는 사람들끼리 연애를 하는 편이다. 같은 성분끼리 만날 확률이 비교적 높기 때문이다. 연애를 하게 되면 상대의 성분을 열람하는 것이 공공연한 의례다. 해당 기관에서도 열람이 가능하며, 특히 결혼을 위한 열람 요청에는 매우 협조적이라고 한다. 사람들이 자신의 성분을 공공연하게 밝히지는 않지만, 사안에 따라 누구나 마음만 먹으면 상대방의 성분을 쉽게 확인할 수 있는 것이다. 이러한 현상은 열등한 성분과 섞이지 않으려는 사회적 의식이 반영된 것으로, 일상의 관례로 작동하고 있다.

> 사내에서 연애를 하고 엥간하게(어지간하게) 깊어지게 되면 남자나 여자 둘 다 내가 저 사람과 살아야겠다 할 때 성분에 대한 뒷조사를 하는 거죠.　　　　　　　　　　　　　　　　　　　　_사례 S

사례 E는 중매로 결혼했다. 마음에 썩 드는 상대는 아니었지만 부모의 결정을 전적으로 따랐다. 신랑 집안의 지위를 나타내는 함에 담긴 선물이 풍족해 그녀는 동네에서 '시집 잘 가는 딸'로 자랑거리가 되었다. 약혼식에 가져오는 함 상자 속에는 주로 결혼식 날에 지어 입을 옷감과 화장품 등 신부에게 필요한 물건들이 담겨 있다. 그 물건들을 동네에 자랑하는 것이 일반적인 풍습이었는데, 사람들은 그 물건들의 양과 질로 자신과 사돈 집안의 지위를 알리곤 했다. 약혼 때 '함'이 간다는 것은 단순한 선물 의례가 아니라 신랑의 집안이 어떤 지위에 있는가를 나타내는 구별짓기의 상징적 표상이었다.

> 약혼 날 들고 올 함이 협소한 집은 창피해하고 며느리가 귀하다 생각할수록 집안이 다 와요. 내 시아버지는 높으니까 며느리 자랑하고, 시댁 삼촌들이 다 따라왔어요. _사례 E

혼인이라는 의례를 통한 집안과 집안의 결합은 집단 간 지위를 재구성하기도 한다. 성분 계층을 고려하는 혼인은 권력의 모습을 드러내는 것이다.

구별짓기는 성분의 차이를 드러낼 뿐 아니라 정상과 비정상을 구분하는 사회적 규범으로도 작용한다. 한 사회가 배제exclusion를 규정하는 과정에서 가장 분명하게 작동하는 것은 금지interdit다.[63] 이러한 금지는 성과 정치의 영역에서 매우 촘촘하게 형성된다. 성의 영역에서 사회적 금기는 비정상, 속칭 변태의 표상이 되며 규범을 통해 더욱 강화된다. 18~19세기에 걸쳐 형성된 성 담론은 합법적 혼인을 중심으로 하는 성 규범을 생산했고, 그 결과 일부일처제가 자연스럽게 자리 잡았다. 이

---

63 Michel Foucault, 『담론의 질서』, 이정우 옮김 (서울: 서강대학교출판부, 1998), 10~11.

과정에서 혼인의 법과 질서에서 이탈하는 '반反자연'의 특수한 형태가 나타났다. 근친혼, 동성애, 성도착 등의 성적 행위는 자연을 거스르는 일탈적 행위로 철저하게 주변화되었고, 따라서 금지되었다. 권력은 이러한 금지 메커니즘을 통해 정상적인 성과 비정상적인 성을 구분하며 사회적으로 허용되는 성 담론을 구축했고, 그 담론을 통해 사회를 감시하고 규율했다.[64]

사회적으로 공유되는 금기, 정상과 비정상의 구획은 한 사회의 윤리를 규정하며 일정한 규칙을 부여하는 통치의 기제가 된다. 배제가 더 촘촘하게 이루어지는 북한과 같은 사회에서는 일상생활의 수준에서 정상과 비정상의 구획이 여타 사회보다 더 세세하게 드러난다. 예컨대 북한 사회는 안경 쓴 사람도 비정상으로 규정했다. 정상과 비정상의 경계는 당시 안경이 일반적이지 않았던 북한의 사회문화적 배경에 의해 구획되었다. 트라코마를 앓은 후 시력이 저하된 사례 L은 안경을 낀다는 이유로 '눈 병신' 소리를 들으며 성장했다. 낮은 시력은 시댁으로부터 멸시를 받게 된 요인이기도 했다. 며느리의 손자 출산 소식에 시아버지가 달려와 손자의 눈부터 확인할 정도였다.

사람들이 '근시, 근시' 하며 놀렸는데 그건 북한 사회에서는 병신이에요. 80년도 이전에 안경을 끼었더니 그 다음에는 '서양 여자'라 놀렸

---

64 앞의 책, 60~67.

어요. 평생 눈 때문에 어릴 적부터 놀림 받고 공부하기도 어렵고 시집 와서까지 멸시를 받았어요.

_사례 L

타자에 대한 비정상 범주의 구획은 사례 G와 같이 화장실에 적힌 성 관련 낙서를 '변태' 행위로 인식하는 것에서도 나타난다. 사례 G는 공 공 영역에서의 낙서 행위를 비사회주의적인 풍토로 규정했다. 아울러 금기로 인식되는 성적 언급을 변태 행위로 인식하고 있었다. 이러한 인식은 사회적 금기의 규율이 권력의 통치 수단으로 기능할 뿐 아니라 자기검열 과정을 통해 일상에서 미시권력으로 작동함을 알 수 있다.

자라면서 가끔 화장실 낙서를 봤지만 성에 관한 낙서를 관심 없이 보 았고, 변태 성향의 사람들이 적는 것으로 생각했어요. 일반 사람들에 게 나쁜 인식을 주려는 것으로 보았어요.

_사례 G

사례 K는 규범적 북한 여성 대다수가 그러하듯 성에 관한 정보와 지 식을 매우 제한적으로 습득할 수밖에 없었다. 또한 군대에서의 경험 때문에 남성들의 성욕에 대한 거부감이 컸다. 그녀가 인식하는 남성들 은 자신의 성적 욕망과 쾌락을 위해 여성을 대상화하고, 폭력을 행사 하기도 하는 남근 중심의 권력 행사자들이었다. 그녀는 남편과 음란물 영상을 본 적이 있다고 진술했다. 그러나 남편이 그러한 행위를 요구 할까 봐 두렵기도 하고 낯선 행위를 보는 것 자체가 힘들어 그 후로 음란물 시청을 거부했다. 그녀는 전희 없이 남편의 성기를 자신에게 삽입하는 행위를 일반적 성행위로 인식하고 있었으며, 자신의 가슴을 애무하려는 남편의 성행위를 변태적 행위로 규정하고 있었다.[65]

그녀는 자신이 성관계를 싫어하며 자신의 체질이 성적인 면에서 비정상이라 인식했고, 남편과의 성관계에서도 거부감이 컸다. 그녀가 진술한 것처럼 '아래만 벗고 응하는' 성행위는 애정 없는 성생활에서 남편의 일방적 요구에 수동적으로 대응하는 것을 의미한다. 이는 그녀가 성장하면서 경험한 남성들과의 관계에서 축적된 부정적인, 지극히 개인적인 경험의 결과로 볼 수 있다. 그러나 이러한 현상은 남근 중심의 권력이 여성을 대상화하는 가부장 사회에서 나타나는 일반적 현상이기도 하다.

> 남편이 요구하면 변태 같은 동작 절대로 못하게 하고 할 때는 아래만
> 벗었어요.   _사례 K

그녀가 남편의 성욕이나 행위를 변태로 규정하는 까닭은, 성적 쾌

---

65 일반적으로 변태(paraphilias)란 성적인 면(sexually perverted)에서 정상이 아닌 이상 성욕이나 그로 인한 행위 또는 그러한 행위를 하는 사람을 의미한다. 미국정신의학회(The American Psychiatric Association)에서 발간한 "정신진단 및 통계편람"(Diagnostic and Statistical Manual of Mental Disorders)에서는 변태성욕이라 부르는 다양한 범주의 성적 장애를 규정한다. 함혜현, 「이상성욕 범죄자의 심리적 특성과 처우 방안」, 『한국범죄심리연구』, 제6권 2호 (2010), 269.

락을 드러내는 것이 이중적으로 인식되는 문화 때문일 가능성이 크다. 사례 K의 성에 대한 폐쇄적 인식은 가부장 사회에서 자신의 쾌락이나 욕망을 포기하고 살아가는 여성들의 일면을 보여준다.

당원 되기

북한에서 당원이 된다는 것은 성분이 우월한 사람으로 인정받고, 유리한 사회적 지위를 얻는다는 것을 의미한다. 당원의 충분조건을 가진 성분 계층의 사람들에게는 입당이 당연한 경로지만, 그렇지 못한 집단에서 성분은 사회 진입에 큰 장벽으로 작용한다. 북한 사회에서 성장하는 인민들은 당원이 되면 좋은 직장과 사회적 지위를 얻을 수 있다는 점을 사회적으로 학습한다.

연구 참여자들에 따르면 기본 군중, 즉 일반 노동자 계층의 사람들이 당원이 되기란 실제로 매우 어려운 일이다. 당원이 되는 기회도 적고 개인의 노력으로 되는 것도 아니기 때문이다. 당원 선발은 중앙의 명령에 따라 지역마다 그 선발 인원이 할당되는데 여기에는 권력과 이해관계가 개입된다.

사례 Q는 아버지의 집안이 남한 출신이라 성분이 열등했다. 그러나 그녀는 신장이 크고 머리가 좋아 국가 영재 프로그램에 선발되었고, 무엇보다 자신의 성분을 뛰어넘으려는 권력에 대한 의지가 어릴 적부터 매우 강해서 불굴의 노력으로 당원이 되었다. 북한 사회에서 큰 키와 건강한 신체는 군 입대를 비롯한 혁명적 활동에 매우 유리했다.

> 군 복무는 열일곱에 가서 스물네 살까지 했어요. 그리고 공산대학에서 공부를 했어요. 대학을 열두 개 나온다 해도 군 복무하고 당 생활한 걸 먼저 쳐줘요. 왜냐하면 정치니까요. _사례 Q

북한 사회에서 당원은 부러움의 대상이며 그 자체로 사회적으로 인정받을 수 있는 자본이다. 당원들은 국가로부터 인증을 받는 집단으로서 생활의 모든 근간을 안정적으로 이루게 된다. 이러한 당원이 되기 위해서는 10년의 군 복무를 마치거나, 최소한 그에 상응하는 대체 복무 과정을 마쳐야 한다. 물론 군 복무를 완료하고 일정 조건을 갖추었다고 해서 누구나 입당할 수 있는 것은 아니다. 당국이 입당할 수 있는 인원을 제한하여 당원의 희소성을 유지하기 때문이다. 한편, 젊은 여성들의 입당에 관해서는 흔히 자격 여부에 대한 의혹이 뒤따르는데, 주로 성 상납이라는 은밀한 뒷거래가 문제시된다. 여성의 성은 입당과 같은 권력 구조 앞에서 일종의 상납의 도구가 되기도 했다.

> 군부대 내 상하 관계에서 (성 상납을) 거부하기 어려워요. 내놓고 몸에 손대지 않아도 여성도 입당을 목적으로 당원이 되기 위해서 군관들에게 몸을 주어야 하는 상황이니까요. _사례 O

사례 H는 40여 년간 모범적인 당 일꾼을 지냈으며 당 비서를 역임했다. 새로 입당할 당원의 숫자는 중앙에서 정하지만 선발은 지역의 당 비서가 결정하기 때문에, 당원 선발 과정에서 문제가 생기면 당 비서의 책임이 컸다. 그렇기 때문에 당원 선발은 최대한 합리적인 수준에서 이루어져야 했다. 이러한 상황에서 당원 자격을 얻기 위한 은밀한 뒷거래는 큰 문제로 대두될 수밖에 없었다.

> 누구도 이해할 수 없는, 전혀 일하지 않는 여자가 공장 당 비서에게만 잘 보이고 애첩처럼 굴어 (당원이 됐는데), 그 여자는 입당시킬 대상이 아니라고 (비판이) 제기되면 (당 비서가) 해임이 되기도 합니다.
>
> _사례 H

성분이 열등했던 사례 P는 자신의 한계를 넘어서기 위해 '속도전 청년돌격대'에 들어가 당원이 되기 위한 길을 모색했다. 그러나 부모가 기관에 찾아가 그녀의 돌격대 입대를 철회했다. 그녀는 부모에게 항의했지만, 당원이 되려는 여성은 먼저 군에서 성 노리개가 된다는 사실을 잘 아는 부모는 극구 만류했다. 부모의 주장 때문에 그녀는 결국 아버지가 다니던 공장에 들어가 일하게 되었다.

속도전청에 들어가서 니가 여자 몸으로 당원된다는 게 어떤 걸 의미하는지 아냐. 니 처녀성을 잃어야지 입당된다(라고 부모님이 말씀하셨어요).

_사례 P

이처럼 당원이 되기 위한 과정에서 일종의 성적 거래가 이루어지며, 이러한 사실이 공공연한 비밀이 되어 있다는 점은 북한 사회에 만연한 차별의 심각성을 드러내는 일면이라고 할 수 있다.

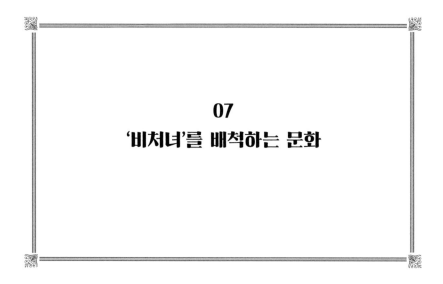

07
'비처녀'를 배척하는 문화

처녀 선호 제도

북한에는 '5과'[66]라는 독특한 국가 조직이 있다. 이 조직에 대해 객관적 사실을 파악할 수 있는 자료는 부족하다. 5과는 김일성과 김정일을 위해 복무하는 특별한 조직으로 알려져 있지만 공식 문서에 명시된 집단은 아니다. 또한 5과에 대한 인식은 사람마다 다른데, 선발에 따른 보상과 그 사회적 지위를 부러워하는 사람도 있고, 국가에 딸을 바

---

[66] 이 글에서는 5과의 실체적 진실을 규명하기보다는 연구 참여자들의 진술을 토대로 5과의 선발 과정에서 어떻게 북한 사회의 미시권력이 작동하는지를 파악하고자 한다.

쳐야 한다는 의식 때문에 불안해하는 사람도 있다. 초기에는 대부분 5과에 선발된다는 것을 매우 긍정적이고 자랑스러운 일로 여겼다. 기본 군중의 자녀를 대상으로 일정한 키와 미모를 갖춘 여성을 까다로운 과정을 거쳐 선발했기 때문에 5과는 희소성을 가진 자랑스러운 직업군이었다.

선발된 당사자들은 자신들의 미모와 성품을 국가로부터 공인받은 셈이었다. 따라서 선발된 여성들은 부러움의 대상이기도 했고, 초기 선발 과정의 후보에 오르기만 해도 공인된 미인이라는 평가가 따랐다. 아울러 좋은 중매가 들어오기도 했다. 그러나 이들의 업무 정체성에 대한 부정적 인식이 점차 확산되면서 5과에 대한 인식은 긍정과 부정으로 나뉘었다.

5과의 실체가 무엇이며 어떤 형태로 운용되는지에 대한 탈북인들의 의견은 다양한데, 국가가 직접 선발하고 관리하는 제도라는 점은 분명해 보인다. 진술에 의하면 5과라는 조직은 기본 군중, 즉 일반 노동자 계층의 자녀에 한해 선발하며 남녀 모두가 선발 대상이었다. 특히 여성의 경우 키와 용모를 중점적으로 보았으며 여러 단계를 거쳐 까다롭게 선발했다. 최종 선발자들은 김일성과 김정일을 위해 일하는 특수 임무를 맡는데, 업무의 배치에 따라 하는 일과 내용도 매우 다양하다고 한다. 5과에서 복무했다는 탈북인을 한국에서 찾기는 어렵다. 그 이유는 북한 당국이 5과 종사자들을 직접 감독하기 때문이다. 또한 5과 종사자들의 가족 역시 일정한 혜택을 받기 때문에 그 직업을 그만두고 남한으로 이주해올 필요가 거의 없는 편이다.

사례 H는 항일 무장 투쟁 시기에 활동했던 삼촌과 한국전쟁의 전사자인 부친 덕분에 성분이 좋은 부류였다. 그는 당 간부를 지냈으며 시위원회에서 일하다 특급 기업소의 당 비서를 역임했는데, 5과와 관련된 인원 선발과 동원에 직접적으로 관여하기도 했다. 당시 딸을 가진 부모들은 아이가 5과에 선발되는 것을 더없는 영광으로 여겼다.

> 간부로 일할 때 세 명을 보낸 것이 큰 업적으로 평가되어 김정일로부터 좋은 동무를 보내준 후사로 감사상이 내려졌어요. 사실 내가 보낸 아이들 선발되었는데 도당 지도원이 내 대신 상을 받은 것이지요.
>
> _사례 H

한편, 사례 E의 진술을 통해 5과의 선발에는 기준과 원칙이 있음을 알 수 있다. 순수한 대중 근로 집단인 일반 노동자 계층이 선발 대상이며, 대상자의 신체와 얼굴 유형은 특정한 조건을 갖추어야 한다.

> 5과 선발을 할 때 전제가 기본 노동계급의 자녀, 키 162, 얼굴은 버들잎형이나 계란형으로 얼굴형도 몸매 사이즈도 보면 모두 비슷해요. 응원단으로 오는 친구들의 얼굴이 다 비슷비슷한 게 그 이유예요.
>
> _사례 E

그런데 국가가 제공하는 소수의 일자리에 간부급의 자녀를 뽑지 않는다는 사실에는 다양한 의미가 있다. 가장 큰 의미는 5과에 인재 선발 제도라는 명목을 부여해 국가에 위협을 가하지 않는 성분인 기본 군중의 자녀를 선발함으로써, 선발된 인재들을 업무의 특성상 부모와 분리하여 국가가 관리하며 안전하게 도구화할 수 있다는 점일 것이다.

사례 M은 5과 최종 과정에서 탈락한 경험이 있다. 중학교 6학년 때 대상이 되어 1년간 도당에서 심사를 받았다. 비록 최종 선발에서 떨어졌으나 선발 대상자가 되었다는 것만으로도 일종의 혜택을 누릴 수 있었다. 고위 간부집에서 중매가 들어왔던 것이다.

> 심사 다니다 1년 만에 최종 탈락했어요. 그래도 5과에 선발 대상이 된 것이 소문나서 중매도 많이 들어오고 많은 남자들이 따라다니기도 했어요.
>
> _사례 M

그러나 최근에는 5과에 대한 인식이 변하고 있는 듯하다. 한번 들어가면 다시는 만나기 어렵고 국가가 마음대로 사용하는 몸이라는 인식이 점차 강해져 귀한 자녀는 보내지 않으려는 부모들이 늘고 있다.

사례 R의 아버지는 군인이었음에도 불구하고 딸이 군대 같이 힘든 곳에 가는 것을 싫어했고 5과에 가서 처녀들이 국가에 의해 모든 걸 희생당한다고 인식했다. 그리하여 자신의 딸이 처녀막 검사를 받고 5과에 선발된 것을 알았을 때 당 기관에 찾아가 선발을 철회할 것을 요청했다.

> 처녀막 검사를 같이 받은 아이들은 총 일곱 명이었어요. 처녀막 검사
> 는 수시로 한대요. 수시로 하는지는 내가 몰랐죠. 그렇게 하고 검사까
> 지 다 하고 와서 부모 의견도 동의해야 해요.   _사례 R

남성 중심의 성 문화

북한에서 여성의 성은 숨겨야 하는 은밀한 것, 비밀의 영역으로 인
식되고 있다. 하지만 남성들이 자신의 성적 욕망을 표현하거나 여성의
성을 이야깃거리로 삼는 것은 지극히 당연한 성 문화로 받아들여진다.
북한 사람들의 통념상 사회적으로 용인되는 여성은 남자의 욕망을 받
아주는 순종적 여성이다. 남성 권력은 여성들이 결혼 전에는 처녀로서
순수한 주체이길, 어머니가 된 후에는 남편에게 헌신하는 현모양처이
길 원한다. 북한 사회에서 아내가 된다는 것은 남성 중심의 공간에서
남성의 자녀를 낳고 키우는 의무를 수행하는 여성의 삶을 살게 된다는
것을 의미한다.

사례 A의 진술은 남성 중심의 성 문화를 단적으로 드러낸다. 남편
들은 아내가 남편의 성적 요구에 무조건 순응해야 하는 것을 가정 혁
명화 개념과 연결 짓는다. 부부관계도 사회혁명을 위해 세포 단위에서

수행해야 하는 역할로 규정하고 있는 것이다. 사회적 복종 체계가 부부 사이에서도 드러나고 있는데 이는 가부장적 제도와 통치가 사적 영역에서 작동하고 있는 현실을 보여준다.

> 사람들은 남편이 곁에 올 때 여성은 무조건 순응하는 것을 혁명 과업의 하나로 여겼어요. 아내가 싫어하는 내색을 보이면 '사령관이 노루라면 노루지'라고 말해요. _사례 A

사례 O는 결혼 후 대학에서 공부를 하던 중 소조 활동에서 여학생과 만나 연인 관계로 발전하여 성관계를 가졌다. 그는 상대 여학생이 임신한 사실을 몰랐으며, 그녀가 임신 중절 수술을 받은 사실도 어느 날 다른 친구를 통해 간접적으로 들었다.

> 사귀던 중 임신을 해서 소파수술을 했다는 것을 알았어요. 그 애에게 직접 들은 것이 아니라 그 애의 친구를 통해서 알았어요. _사례 O

북한 사회에서 낙태는 공공연하게 이루어지는 편인데, 이 과정에서 남성들이 임신에 책임을 지지 않고 낙태의 고통을 분담하지도 않는 행태는 남성 중심 성 문화의 단면을 여실히 보여준다. 이러한 문화는 낙태와 관련해 여성이 남성에게 부담을 주지 않도록 권장하는 여성 책임의 성 담론에서도 나타난다. 이렇게 왜곡된 성 담론은 여성의 순결이 훼손되었다는 사실이 알려졌을 때 그 여성을 향해 가해지는 사회적 낙인 효과와 함께 작동한다. 북한 사회는 남녀의 성 문제가 사회적으로 드러날 때 남성이 져야 할 책임을 최소화하거나 여성이 모든 것을 책임지게 한다.

사례 I는 남편의 직장이 원치 않는 무산 탄광으로 배치되어 한동안 남편과 떨어져 살아야 했다. 그런데 떨어져 산 지 1년 만에 쌍둥이를 낳아 시어머니와 함께 아이들을 키우는 동안 남편의 사내 부화[67] 사건이 발생했다. 남편은 당증을 빼앗길 위기를 맞았다. 만약 그렇게 된다면 이 가족의 삶이 매우 힘들어질 터였다. 그리하여 사례 I는 전략적으로 남편의 인사권을 담당하는 권력자들에게 쌍둥이를 키우며 몸이 불편한 시어머니를 모시는 효부로 살아가는 자신의 삶을 피력했고, 인간적 호소와 함께 '상대 여성 책임론'을 내세웠다. 그 여성이 남편에게 계획적으로 다가와 자신과 가족들에게 올 식량 배급을 착복했고, 의도적으로 접근했다는 주장이었다. 그러면서 자신이 아이를 키우고 시어머니를 모시고 사느라 남편을 외롭게 했다며 북한 사회의 가부장 질서에 호소하는 전략을 폈다. 또한 임신한 상대 여성을 자신이 돌보겠다며

---

67 남녀 간에 비도덕적인 육체적 관계를 가지는 것을 에둘러 이르는 말. '부화방탕하다'라는 말은 사상적으로나 도덕적으로 썩고 병들어 생활이 들떠 있고 방탕하다는 뜻이다. 북한에서는 연애가 결혼으로 이어지지 못하면 '부화 사건'화 된다. 따라서 대부분의 연애는 공개적이기보다는 비밀리에 이루어진다. 과학백과사전출판사, 『조선말사전』, 2판, (평양: 과학백과사전출판사, 2010), 673.

'낙태'와 사후 관리, 그 여성의 결혼까지 준비하겠다고 했다. 그 결과 사례 I는 착한 아내, 현명한 여성으로 평가되었다.

> 여성이 임신 5개월 상태였는데 유산하도록 산부인과 선생들도 포섭하고 여성에게 대신 시집갈 수 있게 그만한 것을 해주기로 하고 소파시켰어요. _사례 I

사례 G는 북한 사회의 가부장적 남성관을 그대로 드러내는 진술을 했다. 북한 사회에서는 남성이 여성에게 '자본주의 사회 식의 로맨틱한 구애'를 하지 않으며, 남성이 여성에게 결혼 의사를 물었을 때 자신의 의사를 말하지 않고 부모에게 물어보고 따르겠다고 하는 것이 교양 있는 여성의 품위라는 것이다.

> '전 몰라요', '부모들에게 물어볼게요' 하는 게 여성의 덕목이고 '부모가 하라는 대로 하겠습니다' 하는 게 좋은 품성의 여성이에요. 만일 그 자리에서 '좋아요'라고 허락하면 좀 싸가지 없고 헤픈 여성으로 취급해요. _사례 G

북한 가부장 사회의 특징은 여성의 순종적 태도와 '처녀성'을 강조하는 것이다. 사례 D의 경험은 이러한 특징을 잘 보여준다. 그녀는 결혼 전 양염기성 출혈이라는 일종의 자궁질환을 앓고 있었다. 그녀가 담임을 맡았던 학생의 학부모가 그녀에게 남자를 소개하기로 했는데, 그 사실을 알게 된 학부모는 사례 D를 성 경험이 있는 여자로 단정했다. 조그만 동네라 소문이 빨리 퍼졌고, 그녀는 산부인과에서 진단을 받아 자신의 병과 처녀성을 입증해야 했다.

> 동네에서 서로 다 아는 사람들이라 산부인과 과장이 내 증상을 '특수한 병이다. 그런 증상이 있을 수 있으며 처녀가 맞다. 처녀막이 그대로 있다'라고 했어요. 아무튼 그때 처녀라는 게 밝혀져서 다행이었어요.
>
> _사례 D

북한 사회에서 '비처녀'라는 이름표는 낙인과 같아서 소문이 나면 혼인이 어렵다. '정절'이나 '순결'과 같은 도덕적 개념은 남성이 여성의 몸을 장악하도록 한다. 성을 도덕적 영역으로 규범화하여 남성 권력을 수행하는 기제로 만드는 것이다.

사례 S와 사례 I의 진술에 의하면 '여군 출신으로 군에서 입당한 사람, 5과 출신, 외화벌이 여성들은 처녀성을 잃었다'라는 사회적 통념이 존재한다. 북한 사회에서 여성들의 직업에 대해 편견적 인식이 작동하고 있음을 알 수 있다.

> 입당한 여자들, 몸을 고여 입당했는지 남들은 다 알아도 정작 그 여자의 남자는 모르는 거죠.
>
> _사례 S

여자가 밖으로 나가 외화벌이했다 하면 그 여자 삶은 다 끝났다 생각
해요. _사례 I

입당한 여성이나 외화벌이에 참여한 여성들이 성 상납을 했다는 이
야기가 편견이든 현실이든 그것은 가부장 질서에 대상화된 여성 담론
의 한 표현이다. 여성을 억압하며 통치해온 가부장 문화는 남성이 여
성을 지배하고 여성의 순종을 강요하는 일상의 행위들로 존속해왔기
때문이다. 이러한 담론은 북한 사람들의 일상에 투과된 남성 중심의
권력 관계와 가부장적 성 문화 등을 드러낸다.

'쌍소리'와 육담론

성을 육담으로 희화화하는 것은 언어적 상징을 매개로 여성을 대상
화하고 남근 중심으로 표상하는 것이다. 이러한 성 담론은 남성 중심
의 사회를 승인하는 가부장 문화의 일면이다. 한 사회에서 통용되는
성 담론은 집단의 성격과 배경에 따라 내용이 다를 뿐, 전 영역에서 다
양한 제도와 일정한 관행으로 공유된다. 성 담론은 사람들 사이에서
언어 및 행동을 통해 재현되고 수행된다. 따라서 한 사회에서 공유되
는 성 담론은 일상에서 분리되지 않고 사회적으로 통용되는 가치를 반
영한다. 또한 성 담론은 상징 언술과 사회적 재현 등을 통해 재생산되

고 한 사회의 섹슈얼리티를 형성하는 데 큰 영향을 미친다. 북한에서는 남성들의 성적 욕망이 공공연한 장소에서 장난스럽게 표출되거나 일상에서 노골적인 성적 농담 등의 형태로 드러나도 그러한 행위가 사회적으로 비난이나 제재를 받지 않는다. 또한 남녀가 모인 장소에서도 성적 이야기들이 공유되는데, 이때 '입으로 하는 성행위' 수준의 대화들이 오가기도 한다. 여성의 육체와 여성성을 비하하는 여성 대상화의 성적 언어들은 북한의 성 담론에서 두드러진 특징이다. 남근 중심적 언어로 여성을 타자화하고 대상화하는 육담과 같은 성에 관한 이야기를 그들은 '쌍소리'라고 한다.

연구 참여자들에 따르면, 성적 언어가 일상에서 공공연하게 활용되는 것은 문화적 기반 자체가 남성 중심적이기 때문이며, 또 한편으로는 북한 사회의 억압된 정치 환경과 관련이 깊다. 다른 발언과 달리 성적 농담은 아무리 많은 대중 앞에서 하더라도 책임을 추궁받지 않기 때문이다.

북한 권력은 공적 영역에서 도덕적으로 무장된 사회주의 국가의 근엄한 성 담론을 펼쳤고, 사적 영역에서 사사로운 성적 욕망이 교환되는 것을 배격했다. 그러나 사실은 기층의 다양한 관계들 속에서 성을 이용하거나 자유로운 성행위들을 생산 혹은 소비하는 풍토가 만연했다.

사례 N은 조선중앙TV 정치부 기자로서 북한 전 지역에서 각 집단을 취재하고 다닌 경험을 진술했다. 그가 인식한 인민들의 일상적 성 담론은 집단별로 달랐다. 특히 성적 농담의 측면에서 육체노동자 집단이 사무직 노동자 집단보다 수위가 더 높은 농담을 즐겼고, 농업협동농장에서 일하는 여성들의 경우 성적 농담을 자유롭게 하고 있었다.

> 평방 120미터 되는 곳을 공기압축기로 써야 하는데 전기가 없으니 사람들이 힘을 합쳐 '하고 자자! 하고 자자! 안고 자자! 안고 자자! 꽂고 자자! 꽂고 자자!' 이렇게 쌍소리를 소리치며 해야 힘내며 일을 했지. 이런 쌍소리는 노동판에서뿐 아니라 농사판에서도 그랬어. 취재 나가면 여자들이 내게 '아저씨 고구마[68] 조심하세요!' 라고 말했어.
>
> _사례 N

사례 A가 진술하는 성 관련 농담은 부부 사이라는 사적 영역에도 정치 권력이 일상적으로 침투하고 있음을 시사한다. 김일성을 신성시하는 인민의 태도와 당 규약과 같은 규범이 성행위에 개입되어 풍자되는 현상에서 자기검열과 일상에서 작동하는 미시권력의 단면들을 엿볼 수 있다.

'어떻게 수령님 앞에서 이럴 수 있어요.' '성쇄방패! 결사옹위!'라며 가

---

68 '고구마'는 남성의 성기를 상징하는 용어다(사례 N 인터뷰).

슴과 음부를 방패처럼 가린다는 이야기는 진짜 시크[69]하죠.

_사례 A

북한 사회의 남성 중심 질서는 사회에서 여성들이 동년배 남성에게 일방적으로 존경어를 써야 하는 불평등한 언어 문화에서도 파악할 수 있다. 사례 P가 진술한 남성 존대라는 언어 행위는 가부장 문화의 전형을 보여준다. 학생 시절에는 서로 반말을 하는 사이였더라도 성인이 되어 직장에서 만나면 여성은 동년배인 남성에게 존경어를 써야 했다.

저희는 이렇게 직장 가서도 나보다 한두 살 아래 남자들보고 존경어를 써요. 남자들은 다 여자들에게 반말을 써요.

_사례 P

이러한 남성 중심의 언어 문화는 직장 바깥의 일상에서도 이어진다. 여성들이 자신의 남편을 가리킬 때 쓰는 말인 '우리 주인', '세대주', '나그네' 등의 호칭은 여성 자신을 낮추어 남편에 대한 순종과 공경을 나타내는 상징적 언어다.

북한 사회에서 성 담론은 이중적으로 나타난다. 사회주의 도덕 담론에 따른 혁명적 사랑관이 존재하는 한편, 일상의 영역에서는 성적 농

69　한국에서는 일반적으로 "세련되고 멋있다"라는 의미지만, 여기서는 인터뷰 맥락상 '야하다'라는 의미다. '성쇄 방패!'라는 말과 함께 오른손으로 가슴을 가리고, '결사옹위!'에서는 왼손으로 음부를 가리는 제스처를 하였다(사례 A 인터뷰).

담이 자유롭게 발화된다. 함께 이야기하는 사람들이 어떤 관계냐에 따라 성적 농담의 수위는 다르지만 쌍소리를 놀이삼아 나눈다는 점은 큰 차이가 없다. 국가는 성 담론을 엄격함과 육담 수준으로 이분화시켜 유통하며 통치 기제로 활용한 것이다.

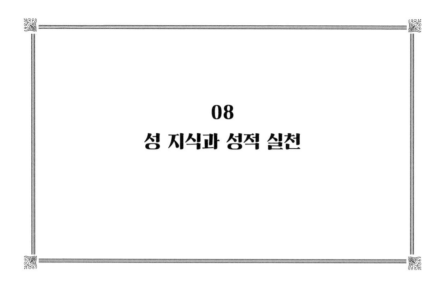

08
성 지식과 성적 실천

월경과 부인위생

북한 사회가 공식적으로 생산하는 성 지식의 대상은 부부로 한정되어 있으며, 그 내용 역시 인구와 위생학에 관련된 정보들로 제한되어 있다. 다시 말해, 북한의 공식적 성 지식은 기혼 여성의 임신과 출산 문제에 국한되어 있다.

성인 대상의 성 지식을 공식 담론으로 만들어 유포하는 대표적 매체는 『조선녀성』이다. 이 월간지는 성인 여성을 대상으로 사회주의 여성으로 살아가는 데 필요한 정보를 제공하고, 국가 정책과 관련한 다양한 이슈를 다룬다.

『조선녀성』의 성 지식 관련 기사는 인민들의 일상에 깊이 스며들어 그들의 사적 행위를 규정한다. 그런데 그 내용을 자세히 들여다보면 과학적 내용에 근거하기는 하지만, 임신과 출산에 관한 체계적인 내용보다는 임신 시 주의 사항과 사회주의 여성으로서의 몸가짐에 대한 이야기를 주로 다룬다. 여기서 제시되는 성 지식은 여성의 신체를 사회적 신체로 규정하며 위생의 영역을 강조한다. 여성에게 위생학적 성 지식을 제시하는 것은 국가가 규정하는 위생적 규율에 따라야 하는 근대의 주체적 여성으로 현실의 여성을 호명하기 위함이다.

『조선녀성』이 다루는 성 지식은 또한 모자 건강으로 제한되어 내용 대부분이 인구 재생산과 육아의 임무를 지닌 '어머니'에게 필요한 정보로 이루어져 있다. 여기에는 여성들이 모성 건강 문제를 자신의 권리 문제로 인식하게 하려는 의도가 담겨 있을 것이다. 국가 권력은 임신, 출산, 양육 등의 본질적 모성 활동과 여성의 생존을 위한 문제를 여성들이 충분히 인식하도록 유도했다.

> 해방된 우리 조선 여성들은 생리적 특성인 월경, 결혼, 출산, 포유보육, 육아의 제 문제가 얼마나 중요한가를 알아야 하겠고 또 이 문제는 광의의 인구 문제, 특히 그 동태와 밀접한 관련이 있다는 것을 알아두어야 할 것이다.[70]

---

70 『조선녀성』, 1947년 9월호, 38.

근대국가의 형성에서 개인은 국가를 이루는 생명체로 간주되었다. 국가는 특히 공중위생과 임신, 출산의 영역을 통해 개인의 몸을 직접적으로 통치할 수 있었다. 의료 과학이 발달하지 않았던 시기에 인구 손실은 사회와 가정을 위협하는 큰 요인이었다. 북한 역시 국가를 건설하는 과정에서 인구가 감소하거나 증가 추세가 적절하게 유지되지 않는 경우를 우려해 출산의 영역에 개입하며 모자 건강의 중요성을 강조했다. 『조선녀성』 창간호에서는 전체 인민의 건강이 영유아의 건강에서 출발한다고 보았으며, 영유아의 건강은 어머니의 건강과 직결되어 있음을 강조했다.

> 한 나라가 강하랴면 그 나라 국민이 강하여야 하겠고 한 국민이 강하랴면 반드시 그 국민의 모체인 어린이 자체가 강하여야 될 것이다. …
> 즉 튼튼한 아해는 건강한 모체에게서만 바랄 것이요, 허약한 모체에서 건강한 아해는 바라기 어려울 것이다.[71]

북한 사회는 여성의 임신을 장려하면서도 임신과 출산 문제에 과학적으로 접근하지 않았고 이를 성 지식의 내용으로 다루지도 않았다. 국가가 담론화하는 성 지식의 내용 구성도 시기별로 달랐다. 1940년대에는 여성의 몸을 기반으로 하는 생식의 문제로 접근하지만 1950년

---

71 『조선녀성』, 1946년 창간호, 62.

대에 들어서는 이슈를 위생과 관련된 문제로 제한한다. 여성의 생리를 다룬 기사는 단 한 건으로 여성 자신의 경험이 아니라 "첫 월경하는 딸에게"라는 제목의 상담 글 형식을 통해 소개되었다. 기사의 내용은 월경의 증상, 기간, 처리 방법 등 생리 현상에 따른 대응이다. 여성의 월경에 대한 근본적 지식이나 임신, 출산과의 연관성과 중요성을 논하기보다 사회주의 국가의 여성으로서 임무를 수행하기 위해 위생적일 필요가 있다는 원론적인 내용을 다루는 데 그치고 있는 것이다.

월경에 대해 하찮게 여기지 말고 위생을 철저히 지키도록 똑똑히 알려줘야 합니다. 그렇게 함으로써만 건강하고 명랑한 마음으로 사회주의 건설에 더 잘 이바지할 수 있고 건강한 안해도, 어머니도 될 수 있습니다.[72]

복식 생활과 관련된 성 지식도 제시되었다. 전통적 복식인 조선치마는 임산부의 건강을 위협하는 것이라 설명했는데, 이러한 내용은 여성들의 의복 착용 문화를 변화시키는 데 효과적으로 작동했을 것이다.

조선치마 특히 꼬리치마나 속치마는 젖가슴을 잘라맨다. 이것은 임신

---

72 『조선녀성』, 1966년 1월호, 101.

부에게 좋지 않다.[73]

표 2 『조선녀성』의 성 지식 관련 기사 (1946년 9월호~2013년 4월호 참조)

호	루계[74]	시기	제목(쪽수)	글쓴이
1		1946.9	유유아(乳幼兒) 사망률에 대하여(62)	리소조
2		1947.2	임산부의 섭생(27)	허춘화
3		1947.9	부인·유유아의 제 문제(38~41)	
4		1949.12	애기 난 부인들의 주의할 몇 가지(61)	전경덕
5		1950.4	부인위생 - 어상 임신(36)	리시채
6		1956.1	부인위생 - 자궁탈출증(40)	리시채
7		1956.3	사춘기 자녀에 대한 교양(36)	리채단
8		1956.4	부인위생 - 처음 임신한 부인들은 이런 점에서 류의합시다(38)	리시채
9		1956.8	로동과 부인 위생(36)	리영수
10		1956.9	월경 불순에 대하여(36)	박경세
11		1957.2	임신 중에 위생(34)	최경제
12		1958.1	부인위생 - 녀성들의 랭은 왜 생기는가?(38) / 녀성들의 산전산후 휴가기 측정법(39)	조진해
13		1958.2	부인위생(39)	
14		1958.10	부인위생 - 임신부의 로동과 휴식(38)	
15		1958.11	부인위생 - 임신 시의 출혈과 그의 예방대책(38)	
16		1959.2	부인위생 - 임신부들이 주의해야 할 일(36)	
17		1960.7	임신 시 위생(39)	리영주
18	206	1964.12	위생교실 - 임신 시기의 로동과 영양(101)	리시채

---

73 『조선녀성』, 1959년 2월호, 36.

74 『조선녀성』의 루계(통권 수)는 1964년 1월호의 195호를 기점으로 표시되고 있다.

19	211	1965.5	산모가 지켜야 할 위생(122)	리시채
20	213	1965.7	위생교실 - 산후 휴가 중에 위생(120)	리시채
21	216	1965.10	자궁암에 대하여(126)	리시채
22	218	1966.1	상담실 - 첫 월경하는 딸에게(100~101)	
23	520	2001.9	녀성과 건강 - 어머니 젖의 영양과 젖 먹이는 방법 (39)	김창일
24	539	2003.7	녀성과 건강 - 임신부들에게 적합한 영양섭취(50) / 녀성들이 달거리 기간에 노래부르면(51)	
25	645	2012.2	여성들의 치료영양음식(50)	
26	646	2012.3	임신 해산기에 삼가야 할 음식 몇 가지(31)	
27	659	2013.4	녀성과 건강 - 임신부가 한증할 때 주의해야 할 점 (54)	

북한의 성 지식과 담론은 혁명적 여성해방론과 달리 폐쇄적이며 제한적이다. '부인위생' 관점의 성 지식 담론은 여성을 재생산의 자리에 위치시킨다. 이는 여성의 종속을 정당화하는 가부장적 이데올로기를 온존하고 강화하는 통치의 근거가 된다.

북한 권력이 구축한 성 지식은 개별화된 몸을 다스리며 생명 관리에 대한 거대 담론으로 작동한다. 이러한 성 담론은 사회 속의 다중을 통치하는 근간이 된다. 북한은 체제의 구성원들을 사회주의 국가에 적합한 근대화된 주체로 만들기 위해 개조적 인간을 지향했다. 아울러 평등 이념을 통해 여성에게 자유결혼, 자유이혼이라는 성적 자율성을 부여하고자 했다. 그러나 봉건 사회로부터 이어져온 여성에 대한 차별적 인식과 뿌리 깊은 가부장 질서에서 벗어나지 못했다. 이러한 과정에서 성 지식과 담론은 국가가 제시하는 특정한 틀에서만 다루어졌다.

집, 학교, 군대와 성행위

인민들은 국가가 제시한 규범이나 물적 토대의 범주 속에서 일상을 일구었고 성적 실천을 수행했다. 특히 이들의 섹슈얼리티와 성적 실천은 공간과 매우 밀접한 연관성을 보였다. 세르토Michel de Certeau는 "'장소'가 구조화된 공간이라는 일반적인 전제를 뒤집어 공간이 곧 실천되는 장소"[75]라고 말한다. 즉, 공간이란 행위자들이 만들어가는 구성적인 시공간을 의미한다.

북한은 전후 복구 사업으로 주택 보급을 확산하며 다량의 주택을 노동자 계층에게 제공하고자 했으나 공급량이 부족해 주택 분배 사정이 매우 열악했다.[76] 주택의 분배와 공급은 전적으로 국가가 주관하는데, 계층과 지위에 따라 분배되는 주택의 크기와 구조가 다르다. 일반 노동자 계층에게 지급되는 주택은 1호부터 특호까지 다섯 종류로 나뉜다. 방 1~2개, 부엌 1개의 집단 공영주택, 협동 농장원이 사는 연립주택 형식의 농촌 문화주택, 변두리 농민이 거주하는 농촌 가옥이 전체

---

75 Meaghan Morris, 「사회적 등정의 위대한 순간들: 킹콩과 인간 파리」, Beatriz Colomina 편, 강미선 외 옮김, 『섹슈얼리티와 공간』 (파주: 동녘, 2005), 21.

76 해당 인민위원회에 주택 신청을 하고 입주증을 받기까지 1~3년이 걸리고, 신혼부부의 경우 4~5년이 걸리기 때문에 혼인 후에도 부모와 함께 살거나 한 집에 두 세대가 '동거살이' 하는 경우가 대부분이다. 민병천 외, 『북한학 입문』 (서울: 들녘, 2001), 258.

주택의 60%를 차지한다.[77] 주택이 계급에 따라 차등적으로 배정되고, 하위 계급에 배정된 주택이 제대로 보급되지 않는 현실은 북한 사회의 심각한 주거 불평등 문제를 드러낸다. 또한 주거 공간을 통해 신분이 드러나는 사회적 불평등이 지속된다. 도시, 주택과 같은 물리적 공간뿐 아니라 집단과 기능에 따라 분류된 사무실, 병원, 군대, 직장, 학교, 체육관, 도서관, 목욕탕, 화장실 등은 사람들을 구획의 목표에 따라 위계적으로 구분하며, 위계적 실천을 통해 그들에게 각기 다른 사회적 정체성을 부여한다.

북한은 국토 전반을 사회주의 공간으로 발전시켜왔다. 주택은 국가에 노동을 제공해야 하는 임무를 가진 노동자들이 가정을 이루고 살아가며 사회의 세포로서 역할을 담당하는 공간으로 지어졌다. 따라서 일반 노동자의 주택은 여성을 위한 배려의 공간으로 설계되지 않았다. 주택은 노동자들의 재생산을 위한 최소한의 요구를 충족하는 공간이었다. 노동자들의 주택은 대부분 방이 하나다. 한방에서 온 가족이 함께 기거하기 때문에 집은 부부에게 친밀성과 비밀이 보장되는 공간이 아니었다. 그 공간에서는 개인의 사생활이 보장되지 않는다. 그곳에서 자녀들은 부모들의 성행위를 목격하며 간접적으로 성을 경험한다. 그리고 자신들이 목격한 사실에 대해 궁금증이 생겨도 묻거나 이야기하지 않는다. 이것은 가정이나 학교에서 성에 대한 이야기를 공유할 수

---

77 통일부, 『2000 북한개요』 (서울: 통일부, 1999), 433.

없는 문화적 습관을 체득하는 과정이다. 부모들의 생경한 성행위를 보고 침묵하는 어린이의 모습은 어른들의 일에 대해 문제를 제기할 수 없는 가부장 문화의 단면을 보여준다. 가부장 문화는 어른을 어린이들이 공경해야 하는 대상으로 위계화하며 성인 중심의 규범 체계를 구축한다. 여성은 남편과 시댁에 순종해야 하고 자녀는 부모에게 순종해야 한다는, 가부장 질서가 지시하고 가르치는 규범이 일상의 문화 체계로 구축된 것이다.

사례 P는 부모의 성행위 장면을 목격했을 때, 이해할 수 없는 감정과 망측하다는 생각이 들었다. 그는 그 장면을 반복적으로 관찰하였고, 평상시와 다른 부모의 행위는 누구에게도 말하면 안 되는 비밀임을 스스로 깨달았다.

> 늘 부모랑 같이 한방에서 지냈어요. 그런데 자다가 몇 번 잠결에 부모의 성행위를 본 적이 있어요. 처음에는 '뭐 하는 거지?' 하고 생각했다가 감으로 알게 되더라고요.
>
> _사례 P

사례 T는 인민학교 저학년 때 목격한 부모의 성행위를 친밀함의 표현으로 인식했다. 평소에 아버지에 대해 불만이 많던 엄마가 그 순간에는 행복해하는 것 같았기 때문이다.

> 그거에 대해서 저거 뭐지 하며 이상하게 생각하지도 않았고, 굉장히

자연스럽다는 느낌을 받았어요. 사실 깜깜해서 눈을 떠도 잘 보이진 않았어요. 근데 뭔지 아니까 자는 척하지요.   _사례 T

사례 L은 다섯 남매의 맏이로 한방에서 부모, 형제와 함께 살았다. 방 한 칸의 작은 공간에서는 가족들 누구도 사생활을 보장받을 수 없었다. 방 안의 모든 것은 가족 공동의 물건이었고 그 안에서의 일은 가족들 전체의 일이었다. 사례 L은 엄마를 무시하고 비하하는 가부장적 아버지를 보면서 부모님이 서로 친밀한 관계가 아니라고 느꼈는데, 열다섯 살이 될 때까지 네 명의 동생이 태어나는 것을 보면서 매우 혼란스러웠다고 진술한다. 부모의 성행위에서 사랑의 감정을 느낄 수는 없었고, 그 행위가 그저 동생들을 태어나게 하는 행위라는 것을 자라면서 알게 되었다. 가난한 살림에 동생들이 계속 태어나는 것은 부담스러운 일이었다. 부모가 모두 일하러 나가서 맏딸인 그녀가 어린 시절부터 동생들의 기저귀를 빨아야 했기 때문이다. 따라서 자연히 부모의 성행위에 대해 부정적인 감정을 갖게 되었다.

막내가 생길 때 내 나이가 열다섯이고 계속 네 명의 동생이 생기니 다 알 수 있었어요. 그때 평생 경험하지 않은 이상한 감정이지만 그런가 보다 했을 뿐이고 물을 수 없었어요. 그러다 아기를 낳아서 병원에서 안고 오면 또 그런가 보다 했어요.   _사례 L

사례 D는 부모의 성행위 장면을 목격한 동네 아이들이 학교를 결석하고 산으로 가서 '엄마 아빠 되기'라는 놀이를 하며 어른들의 성행위를 따라 했다가 학교에 발각된 사건을 진술했다. 아이들에게 성행위란 은밀하면서도 공공연한 비밀이었던 것이다.

> 체육 선생이 애들을 다그치니 '엄마 아빠 연습'을 했다는 것이었어요. 학교 가는 대신 산으로 가서 5학년이 시키는 대로 4학년 애들이 섹스를 했다는 거예요. _사례 D

한편, 사례 L은 자신의 남편이 결혼 전 다른 여성과 약혼을 했었다고 진술한다. 남편은 사례 L과 이미 약혼한 후였는데, 살 집이 없었기 때문에 그녀와 헤어지고 주택이 있는 다른 여성을 만나려 했다는 것이다. 그러나 사례 L의 아버지가 그 사실을 알고 상대 여성의 집에 찾아가 난리를 쳐 그 약혼을 무효화시켰다. 그러한 과정을 겪으면서 결혼을 했으나 주택난에 고생을 할 수밖에 없었다. 심각한 주택난 때문에 살 집을 구하지 못해 아기가 백일이 될 때까지 갈 곳이 없었다. 그녀는 아기와 둘이 길거리의 모퉁이 땅바닥에 비닐을 깔고 잠을 자기도 했다. 남편이 이 상황을 해결하려 애쓴 덕분에 다른 부부가 사는 방에서 아이와 둘이 '동거살이'를 하였고, 남편은 연구소에서 혼자 지내야 했다. 가족이 만나고 남편과 친밀함을 나눌 수 있는 시간은 동거인 부부가 출근한 후에야 주어졌다.

조그만 친정집에 가기는 싫어서 석 달 되는 아기를 안고 땅에서 비닐을 깔고 잔 적도 있어요. 남편이 이리저리 알아본 덕에 (뇌물을 통해) 조그만 한 방에 아기를 데리고 다른 부부와 동거살이 하면서 애 아빠랑은 떨어져 지냈어요. _사례 L

북한 사람들이 일상에서 경험하는 제도적인 공간은 학교와 군대 그리고 직장이다. 특히 집단 생활을 중시하기 때문에 군대뿐 아니라 전국의 대학이나 기업소는 대부분 합숙 공간이 마련되어 있다.

대학 기숙사는 기숙사 관리위원회의 감독과 통제를 받는데, 여기에서 개인의 욕망은 배척되었다. 대학생들은 연애를 할 수 없고 일반적으로 정해진 기숙사의 규율에 따라야 한다. 그 규율의 내용으로는 "첫째, 일과의 질서를 철저히 준수할 것, 둘째, 조용히 공부할 것, 셋째, 도박하지 말 것, 넷째, 여학생 기숙사에 남학생이 가지 말 것, 다섯째, 남학생 기숙사에 여학생이 가지 말 것, 여섯째, 기숙사를 청결하게 유지하며 일과표에 따라 기상할 것"[78] 등을 들 수 있다.

또한 대학에는 대학생들의 연애 행위를 집중적으로 단속하는 학생 규찰대가 존재한다. 연애 행위가 발각되거나 소문나면 학업 본연의 자세에 열중하지 않는 일탈로 비판을 받고 정도에 따라 퇴학을 당하기도 한다. 이외에도 당 위원회의 지도 감독 아래 있는 다른 정치 조직들이

---

78 북한연구소, 『북한총람 1983~1993』 (서울: 동아출판사, 1994), 595.

대학생들의 사적 영역을 통제한다.

이러한 규율과 감시는 초중등 교육 기관에서부터 체득된다. 규율을 내면화시켜 체득하게 하는 방식은 학교라는 공간에서 전 교과 과정을 통해 체계적으로 실시되었다. 사례 T에 따르면, 등교할 때부터 학급의 친구들이 약속된 동네 장소에 모여 다 같이 줄지어 노래를 부르면서 학교에 갔다. 이처럼 등하교 시에도 단체 행동을 통해 집단의식을 고양시키는 데 있어 규율의 역할은 매우 중요했다. 제도를 통해 주조되는 섹슈얼리티는 규율의 내면화를 체득하면서 규범적 자아를 만드는 것이다. 권력은 제도나 강압적인 형태가 아니라 규율과 규범을 통해 권력에 자발적으로 순응하는 개인을 만듦으로써 더 효과적으로 작동한다.

> 학교 다닐 때 학교에서 정한 규율이 몇 가지가 있는데 그 중에 첫 번째가 지각, 지각하면 안 돼요. 두 번째는 복장. 머리 단정하기, 그 다음 세 번째 중에 하나가 남녀 교제를 못하게 했어요. _사례 T

북한 인민 대부분은 고등중학교 졸업 후 바로 군에 입대하고, 제대 후에는 대학에 가거나 직장에 배치된다. 그러한 삶의 과정에 존재하는 모든 제도적 공간에서 규율은 구성원들을 관리하며 효율적인 통치 기제로 작동한다. 군대도 마찬가지다. 특히 군대라는 남자들만의 공간에서 실천되는 집단 놀이는 왜곡된 성 문화로 구축되기도 한다. 사례 N

은 고등중학교 졸업 후 바로 입대하여 군 복무 10년을 마치고 스물일곱 살에 제대했다. 그는 외부와 단절된 위치의 해안가 216고지에서 군 생활을 하는 내내 그의 일상이 동료 군인들과의 성에 대한 이야기로 점철되었다고 진술한다.

> 매일 잠복 초소에 올라가면 초저녁부터 '중이 과부 따먹는' 성 관련 농담을 밤새 이야기했지. 우리 넷 다 누구나 성적인 경험이 하나도 없으면서 말이야…. _사례 N

> 돌격대에서 배운 것은 담배와 자위행위였어요. 성 욕구를 혼자 해결하는 딸딸이 방법(자위)을 선배들이 돌아가면서 가르쳐주었어요. 오락 비슷하게 했는데 후배들을 세워놓고 누가 더 강하게 나가나 이런 식으로 해요. 강하게 나가는 애에게 인센티브를 주는데, 제일 멀리 사정하는 사람에게 담배 한 대를 주었어요. _사례 O

사회와 분리된 생활을 하는 군대라는 공간에서 집단 자위행위 놀이와 같은 일탈적 성행위는 일종의 전형적인 놀이가 되었다. 남자들끼리 모여 있는 공간에서 성기를 가지고 노는 놀이는 계급 순서에 따라 신참들이 주로 대상화되었다. 학교와 군대에서 부여하는 집단적 규율은 사람들의 욕망을 제거하고 제도에 순응하는 식민화된 섹슈얼리티를 내면화하도록 한다. 북한의 공적, 사적 공간은 국가 권력이 스며드는 곳으로 사람들의 성 정체성과 섹슈얼리티의 구성에 큰 영향력을 행사하고 있다.

여학생 실습과 성교육

북한에서 성교육은 '여학생 실습'이라는 과목의 한 단원을 통해 매우 제한적으로 실시되고 있을 뿐이다. 그러나 연구 참여자들의 진술을 보면 그마저도 이루어지고 있지 않을 가능성이 크다. 북한에서 성교육을 공식적으로 받은 적이 있느냐는 질문에 대부분이 없다고 진술했기 때문이다.

연구 참여자들에 따르면, 북한 사람들이 성에 대해 인식하거나 정보를 습득하는 시기는 남녀 모두 중학교 전후로 나타났다. 남성 중에는 성 지식을 인민학교 시절에 알았다고 하는 사람도 있었는데, 이들이 말하는 성 지식의 내용은 대부분 여성의 특정 신체 부위나 성행위에 관련된 것이었다. 성 지식을 습득하게 되는 경로는 성별에 따라 큰 차이가 있었다. 남성의 경우 친구나 동네 형을 통해 여성의 신체를 타자화하는 방식으로 성 지식을 습득했다.

표 3 북한 남성의 성 지식 습득 시기와 경로

참여자	시기	경로
사례 A	일본에서 중학교	성인 잡지
사례 F	중학교 2학년	아버지, 생물 시간, 친구, 동네 형
사례 G	중학교	친구, 동네 형, 동물들
사례 J	중학교	친구
사례 H	인민학교	친구
사례 O	중학교	친구
사례 N	군대	군 동료들
사례 S	중학교	친구
사례 T	인민학교	동네 형, 친구

표 4 북한 여성의 성 지식 습득 시기와 경로

참여자	시기	경로
사례 B	중학교	어머니(초경 때)
사례 C	중학교 2학년	어머니(초경 때)
사례 D	중학교 2학년	어머니(초경 때)
사례 E	중학교 2학년	여학생 실습
사례 I	중학교 6학년	어머니(초경 때)
사례 K	중학교 4학년	어머니(초경 때), 위생 시간
사례 M	중학교 5학년	어머니(초경 때), 친구
사례 L	중학교 5학년	어머니(초경 때)
사례 P	중학교 5학년	어머니(초경 때)
사례 Q	중학교 2학년	어머니(초경 때)
사례 R	중학교 4학년	어머니(초경 때)

두 번째, 가부장 권력과 섹슈얼리티

남성과 여성이 성 지식을 얻는 시기와 경로가 다른 까닭은 남성의 경우 여성의 신체에 관심을 갖는 데서 성에 관한 정보를 접하게 되는 반면, 여성은 자신의 신체를 통해 경험하는 변화에서 직접적으로 성 지식을 습득하게 되기 때문일 것이다. 남성들은 대부분 자신이 성 지식을 습득한 시기를 정확히 답하지 못했으나, 여성들은 자신이 첫 달거리를 한 시점을 성 지식을 알게 된 계기로 정확하게 인식하고 있었다.

북한 여성은 자신의 몸의 변화를 중심으로 여성성과 성 지식을 동시에 깨닫는 경험을 하는 것으로 나타났다. 이들은 주로 월경을 통해 성 지식을 얻게 되는데, 이때 접하게 되는 성 지식은 여성 고유의 생식과 그 기능에 관련된 지식보다는 생리대를 만들고 처리하는 방법 등 기능적 측면의 정보인 경우가 많다.

북한 여성 상당수가 학교에서나 가정에서 사전에 생리 현상에 관한 지식 없이 첫 월경을 경험하고 있는 것으로 보인다. 연구 참여자들 중 월경이 무엇인지 인식하고 있었다고 진술하는 사례는 거의 없었다. 월경을 시작했을 때는 대부분 사례 M과 Q의 진술과 같이 매우 당황하거나 자신이 죽을병에 걸린 것으로 오해하기도 했다.

> 생리가 시작했을 때 내 몸에서 피가 나와 죽을병인 줄 알고 소동을 피우며 입원해야 한다 난리친 적이 있어요. 첫 생리를 중학교 5학년 때 했거든요. 학교에서는 가르치지 않았어요. _사례 M

이불에 묻은 고 부분만 손으로 꽉 잡아당겨 빨았는데, 나중에 보니 거기가 얼룩진 거예요. 새엄마에게 처음엔 오줌 쌌다는 누명으로 욕 먹었어요. 그런데 또 다음날 또 그리 반복되니까 '내가 무슨 병에 걸렸구나' 그렇게 받아들였어요.   _사례 Q

　월경에 대해 전혀 들어보지 못한 여성들이 초경을 경험했을 때 당혹감을 털어놓을 수 있는 상대는 오직 어머니였다. 이에 대해 어머니들은 "그게 다 여자 병이다", "이제부터 몸조심하고 함부로 하면 안 된다", "아무에게도 말하지 말아라"라고 주의를 주었다. 여성들이 인식하는 달거리는 불결하고 성가시며 본인과 어머니 외에는 가족 누구도 알아서는 안 되는 비밀이었다. 월경이란 '여성 고난의 시작'이라는 이야기를 통해 여성들은 월경이 일상에서 말할 수 없는 비밀이거나 수치, 위험스러운 금기 사항이라는 것을 깨달았다.

　사례 D는 초경 때 "몸을 잘 건사해야 한다", "이제부터 남자를 조심해야 한다"라는 어머니의 말을 이해하지 못한 채 막연한 두려움을 가졌다. 어머니는 사례 D의 첫 월경을 언니들에게도 비밀로 했고, 언니 네 명 누구도 각자의 월경에 대해 말하지 못하게 해 서로 모르게 하고 있었다.

언니가 (생리대를) 감추는 걸 보고 아는 척하니까 그제서야 언니가 "응 너도 하니?" 하더군요. 딸만 다섯인데도 서로 몰래몰래 한 거죠.

_사례 D

그만큼 월경이 불결하거나 수치스러운 현상으로 규정되었음을, 또 그러한 인식이 암묵적으로 학습되었음을 알 수 있다. 여성의 성 기능을 불결하게 여기는 감정은 전 세계적이며 영속적이다. 이런 현상은 문화, 신화, 원시 생활, 문명 생활 등을 통해 도처에서 나타나는데 월경은 주로 숨겨야 할 일이었다. 여성들의 월경을 일부 문화에서는 '저주'라고 일컫는다.[79]

남한의 전통 가부장 사회에서도 월경에 관한 부정적 관습은 사라지지 않은 채 전승되어왔다. "월경은 여성들의 생리적 현상이라는 이유로 여성을 차별하는 데 이용되기도 하고, 여성 종속을 정당화하는 데 이용당하기도 한다"[80]라는 주장과 같이 자본주의 문화에서도 여성의 월경은 약함, 불안정성 등의 부정적 인식과 결부되어왔다.

이처럼 월경에 대한 부정적 인식은 북한만의 관습이 아니라 가부장 질서가 존속되어온 거의 모든 사회에서 나타나는 공통적인 성 문화로

---

79 Kate Millett, 『성의 정치학』, 상권, 정의숙, 조정호 옮김 (서울: 현대사상사, 1970), 93.

80 Judith Lober, *Paradox of Gender* (New Haven: Yale University Press, 1994), 47.

볼 수 있다. 그러나 북한의 경우 급진적 여성해방을 표방하면서 여성의 생식에 대해 폐쇄적이며 이중적인 태도를 취하고 있기 때문에 이러한 태도는 자기 모순적이라는 비판을 받을 만하다.

월경과 관련해 볼 때, 북한의 사회 제도와 관습은 남성 중심의 문화를 반영한다. 성교육의 부재와, 월경 연령대 여학생들이 입어야 하는 짧은 흰색 체육복 반바지는 여성들의 삶에 대한 이해도가 매우 낮은 현실을 드러낸다. 일회용 생리대가 거의 없는 현실에서 흰색 반바지를 입어야 하는 불편한 상황은 여학생들에게 매우 부담스러운 일이었고, 때로는 수치심을 불러일으키기도 했을 것이다.

앞서 설명했듯, 북한은 사회주의에 알맞은 개조된 인간을 만들기 위해 문맹 퇴치를 강조하고 근대적 지식과 변화를 요구했다. 이에 따라 여성의 몸도 근대적 주체로 규정했지만 주로 인구 재생산의 기능에만 의미를 부여했다. 이것은 잔존하는 전근대적 성 담론의 영향이었으며, 국가에 의해 통치되는 몸을 만들기 위해 이들에게 개인성을 부각하지 않으려는 국가적 기획이었다. 북한 사회가 만들고자 한 '사회주의 성 규범'은 무성적 성 정체성을 강조했고, 개인의 사적 욕망을 억압했다.

성은 가르치지 않아도 자연히 배우게 되는 동물적 본성으로 치부되었으므로 남성들도 청소년기의 몽정에 대해 배운 적이 없었다. 가족의 빨래를 담당하는 어머니가 아들이 몽정을 하는 신체 변화를 알아도 아무에게도 말하지 않아야 하는 폐쇄적 성 담론이 일반적이었다.

아들의 몽정에 대해 엄마는 알면서도 입 밖에 내지 않아요. 엄마가
빨래해주며 저 애가 다 컸구나 생각하지만, 말하거나 성교육은 하지
않아요. 서로 창피할까 봐 그렇지요. _사례 G

성교육을 하지 않는 사회적 현상과 관련해 사례 N은 다음과 같이 진
술한다.

김일성 교시에 있는데, 남녀 간의 육체적인 문제는 가르쳐주지 않아
도 사람이면 다 할 수 있기 때문에 그런 것을 배우려 헛되이 노력할
필요가 없다고 해요. _사례 N

김일성은 인민을 대상으로 사회주의 국가의 몸이 될 것을 요구하는
과정에서 생식이나 성적 욕망 등에 대해 가르치는 것은 필요하지 않다
고 판단했다. 그러나 북한 권력은 인간의 성과 관련된 사안을 끊임없
이 통치 기제로 활용하고자 했다. 실제로 북한뿐 아니라 대부분의 사
회는 성적 욕망을 통치와 규율의 대상으로 삼는다. 북한 사회는 성 관
련 담론을 공공연하게 거론하지 않았다. 그 대신 혁명적 이성애가 아
닌 것은 부화로 배격하였고, 성욕은 사회적 질서에 의해 억압의 대상
이 되었다.
　정확한 성교육의 부재 속에 북한 사람들이 성 통치의 대상으로 전락
하는 상황은, 성 지식의 습득 시기와 경로까지 국가 권력의 억압이 관

철된 결과로 볼 수 있다. 북한이 국가 차원에서 만들고 유포하는 성 지식은 앞서 언급한, '부인위생'이라는 이름으로 재생산되는 기혼 여성 대상의 위생 관련 지식이 전부였다. 그러한 성 지식의 대상과 내용은 제한적이었다. 성교와 임신의 주체인 남성들에 대한 공식적인 성 지식은 아예 찾아보기가 어려웠다.

앞서 설명한 대로 '여학생 실습'이라는 과목에 성 지식을 다루는 단원이 있지만 주로 위생적으로 가정을 관리하는 방법에 대해 가르칠 뿐이다. 이는 물적 토대가 빈약한 현실을 반영하고 있다. 예컨대, 여학생들에게 재봉질과 바느질 실습을 강조하여 장차 가정생활을 영위하는 데 실질적인 도움을 주는 기능을 배우도록 하는 것이다. 또한 이 단원에서 가르치는 월경은 과학적 설명의 대상이 아니라 사회의 일원으로 성장하기 위해 몸가짐을 바르게 해야 한다는 윤리적이고 도덕적인 맥락에서 학습되었다.

북한 사회의 성 담론에 비추어볼 때 매우 이례적인 사례인 F는 열네 살 때부터 지속적으로 성교육을 받았다. 그의 부친이 어린 나이에 장사한다고 돌아다니는 두 아들에게 여자 친구가 생겼을 때 혹시라도 발생할 수 있는 혼전 임신을 피하도록 관련 지식을 알려준 것이다. 부친은 의학책을 이용해 남성과 여성의 생식에 대한 생물학적 정보를 가르쳤는데, 특히 피임에 대한 상식을 강조했다. 사례 F는 아버지에게 배운 지식을 여자 친구에게도 가르쳐주었다. 여자 친구가 낙태 수술을 받는 사건들은 남자들 간에 공공연하게 공유되는 이야깃거리였기 때문에

두 번째, 가부장 권력과 섹슈얼리티

사례 F는 피임에 특히 신경을 썼다고 한다.

> 의학 도서에서 배란기를 통한 피임법을 가르쳐주었어요. 아버지는 '너
> 와 사귀는 여자에게 알려줘라. 너만 알면 안 된다.' 그래서 여자 친구
> 에게 알려주었는데 그 친구도 처음에는 그걸(배란일 계산법) 모르더라
> 고요.　　　　　　　　　　　　　　　　　　　　　　　　　　_사례 F

간호사 출신의 사례 R은 스물두 살에 결혼해 이듬해 딸을 낳았다.
의사인 남편 덕분에 성생활에서 의학 지식을 활용할 수 있었던 그녀는
임신 주기를 점검할 수 있었고, 임신을 위해 호르몬 처방도 받을 수 있
었다.

> 아이를 빨리 갖기 위해서 호르몬 약을 먹었어요. 남편이 군의관으로
> 때로는 떨어져 있기도 하고 해서 만날 때는 약을 먹고 조절하여 아이
> 를 가졌어요.　　　　　　　　　　　　　　　　　　　　　_사례 R

이 사례를 통해 북한 사회에서 직업에 따라 성 지식의 격차가 매우
크게 나타나고 있음을 알 수 있다.

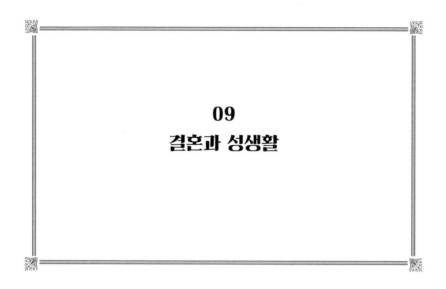

09
결혼과 성생활

연애와 약혼

북한에서 사람들의 전반적인 삶의 조건을 형성하는 것은 성분이다. 연애를 할 때도 사랑과 용모, 재산, 지식 등 한 개인의 노력에 따른 성과나 문화적 취향보다는 출신 성분과 가정 환경 등 개인을 둘러싼 총체적 배경을 더 중시한다.

결혼이 이루어지는 경로를 보면, 일반 노동자 계층의 경우 주로 직장 동료끼리 만나거나 주변의 소개로 연애를 시작한다. 북한에서는 성분에 따라 직업이 다르기 때문에 직장과 직종을 통해 대략 그 사람의 계층을 가늠할 수 있다. 지인을 통한 만남에서도 성분과 집안 환경, 사회적 조건이 가장 중요하게 고려된다.

인민에 대한 성 통치는 성분 제도와 규율을 통해 구조적으로 이루어진다. 일상적 규율은 인민을 감시하고 처벌하는 기능을 수행하는데, 이를 통해 공공장소에서 연애 행위가 금지되는 등 개인들이 서로의 친밀함을 드러내는 행동 하나하나에 대해서도 국가적 개입이 이루어진다. 연애 상대와 관련해서도 국가가 허락하는 대상과 금지하는 대상이 정해져 있는 셈이기 때문에 사람들은 애초에 스스로 서로의 성분을 검열하거나 연애 상대에 대한 자격 조건을 규정해놓는다.

북한 권력이 권장하는 연애는 북한 체제에 대한 충성도를 높이는 남녀의 만남이다. 남녀관계는 자기의 생산 과제를 수행하고 완수하려는 혁명적 의지를 서로 지지하는 사이여야 한다. 그러나 이러한 공식 담론상의 연애관은 2000년대를 지나면서 확연히 변화된 모습을 보이고 있다. 사회 전반에서 개인의 자본주의적 경제 능력에 관심을 두는 연애가 확산되고 있는 것이다.

앞서 언급했듯 북한에서 바람직한 연애 상대는 편히 살 수 있는 조건을 획득할 수 있는 토대를 갖춘, 성분이 좋은 계층이다. 적어도 고난의 행군 이전까지 여성의 입장에서 바람직한 연애 상대는 당원, 제대군인, 대학 졸업자라는 세 가지 자격을 갖춘 사람이었다. 남성도 마찬가지로 미래의 사회적 출세를 위해 상대방의 성분을 중요한 조건으로 여겼다. 성분이 곧 욕망의 대상이자 섹슈얼리티의 기준이었던 것이다.

우리 때는 여자는 무조건 그늘에 들어가 자기를 보조하거나 봉양하는 여자, (아니면) 나처럼 힘 있는 여자를 얻으면 대단히 성공작으로 본다. 특별한 직급이 없어도 남자의 성공으로 본다.   _사례 B

사례 J는 일반 노동자 집안에서 성장했기 때문에 성분이 좋지 않았다. 그는 전략적으로 공부를 열심히 해 사범대학에 들어갔다. 대학 시절부터 자신의 어려운 경제적 여건을 감안해 토대가 좋은 여성을 만나기 원했는데, 특히 가족 배경과 입당 여부, 직업을 중요하게 여겼다.

집에 돈이 없었으니 (내가 발전하려면 어떤 여자인가를 보는데) 여자로 인해 (내가) 더 발전할 수 있는지를 많이 따졌다.   _사례 J

사례 K의 집안은 성분이 좋지 않아 그녀의 부친과 오빠 모두 사회적 좌절을 경험하며 살았다. 그녀 역시 결혼을 위한 과정에서 성분 때문에 좌절을 경험했다. 자신을 성분이 좋은 남성에게 시집보내려는 가족들의 욕망은 일방적이었는데, 군에 있던 오빠의 동료 장교가 그녀의 사진을 보고 마음에 들어 하자 그녀의 의사도 묻지 않은 채 부모가 결혼을 허락할 정도였다. 성분이 좋은 사람이라는 이유만으로 부모는 그가 사위가 되기를 바라고 있었다. 사례 K는 오빠와 함께 휴가 나온 그를 처음으로 만났는데, 그날 밤 그녀의 부모와 오빠는 그녀에게 처음 만난 남자와의 합방을 지시했다. 강압적인 첫 경험은 매우 힘들었다.

그런데 그 남자는 성관계를 맺은 후 그녀의 성분이 나빠 자신의 앞날에 불이익이 생길 거라며 사실상 이별을 선언했다. 북한 사회에서 성분이란 이처럼 권력과 성의 관계를 구성하는 커다란 요인이었다.

> 내 부모의 강압적인 합방 지시에 의해 잠자리를 했어요. 그러나 후에 그는 나와의 약속이 후회된다며 그 이유는 나와 결혼하면 잘 해야 대대장밖에 못할 것 같다는 것이었고 다른 여자와 하면 출세할 수 있다고….
> _사례 K

사례 B는 소위 일류 대학의 학생끼리 만나 자유연애를 하였고, 로맨틱한 사랑과 신뢰를 바탕으로 약혼을 했다. 그러나 남자 집안의 성분과 경제적 환경이 자신에 비해 열등했기 때문에 두 사람 사이에 갈등이 컸다. 그런 이유로 다른 약혼자들의 경우와 달리 두 사람은 약혼 후 결혼까지 1년이라는 기간 동안 성관계를 갖지 않았다. 결과적으로 결혼을 하긴 했지만, 남편은 간부인 장인어른을 매우 어려워했다.

> 친정아버지가 당 간부였으므로 당시에 남편은 허점이나 실망을 보이지 않고 도덕적인 젊은이로 보이고 싶어 (약혼 기간 동안) 성욕마저 참았던 것 같아요.
> _사례 B

북한 사회에서 결혼은 가족 집단 사이의 결합을 의미했다. 사례 B의 남편이 처가에 주눅이 들 수밖에 없었던 이유도 여기에 있는데, 결혼은 당사자들의 문제를 떠나 양가의 사회적 지위와 문화적 자본을 형성하는 문제와 연결되기 때문이다. 이처럼 결혼 제도는 신분을 구성하는 강력한 정치적 행위로 작동하고 있다.

한편, 북한 사회에서 약혼이 지속되는 이유는 성이 개방되지 않은 사회에서 약혼을 결혼 과정의 중요한 일부로 여기는 풍습 때문이다. 여성들은 이 약혼이라는 의례 때 시댁에서 보내오는 선물에 큰 의미를 두었다. 여기에는 그 기간이라도 대우받기를 원하는 여성들의 보상 심리가 작용한 것으로 추측된다. 여성들은 결혼을 위해 준비를 많이 하는 반면, 남성들은 주택 배급 제도 덕분에 준비할 것이 별로 없었기 때문이다.

다른 한편, 혼전 성 경험이 금기로 인식되는 사회에서 여성들은 약혼과 동시에 결혼 전 자신의 배우자가 될 연애 상대에게 순종하고 몸을 허락해야 하는 딜레마에 빠질 수밖에 없다. 남자들은 일단 약혼이 성사되면 상대방을 자기 사람으로 여기고 성관계를 하려 하기 때문이다. 혼전 순결을 강조하면서도 결혼이 기정사실이 되면 결혼을 전제로 하는 성관계는 용인되는 것이다.

성생활

북한 사람들은 연애, 결혼, 임신과 출산이라는 일정한 경로를 이탈하지 않는 가족 형성 과정을 안전하고 규범적인 것으로 인정한다. 그러한 인식의 이면에는 타인의 눈을 의식하는 규범이 강하게 작동한다. 성생활은 매일의 일상에 관여된 행위지만 그저 단순한 성적 욕구로만 귀결되지 않는다. 여기서는 연구 참여자들의 개별적 사례를 통해 임신과 같은 생산적 성관계의 범주에서 북한 여성들의 성생활을 논의하고자 한다.

사례 Q는 청진 제1고등중학교[81]를 졸업했으며, 공군과 공산대학을 거쳐 근로 단체에서 선전 선동 업무를 담당했다. 북한 여성으로는 드물게 키가 170센티미터나 되고 체력이 강한 그녀는 전국 영재대회에 선발되었던 경력이 있으며, 사회주의 선전 선동 분야에서 열정적인 리더십으로 할아버지가 남한 사람이라는 성분의 제약을 뛰어넘어 당원으로 활동한 인물이다. 당시 북한 사회를 살아가던 여성들의 일반적 경향과 달리 사례 Q는 남성의 성분보다 외모를 보고 배우자를 선택했다. 그녀는 자기 능력에 확신이 있었고, 남성에게 기대 살지 않겠다는

---

81 북한 당국은 1984년에 첫 영재 육성 학교로 '평양 제1고등중학교'를 설립했고, 1999년에는 청진, 함흥 등 각 도(직할시)에 '제1고등중학교'를 한 개씩 설립해 '수재 교육'을 실시했다. 전경남, 「북한의 영재교육」, 『한국학 연구』, 제48권 (2014), 48.

소신을 지니고 있었다. 무엇보다 그녀는 남성을 뛰어넘고 싶어 하는 성적 주체의 성향을 보였다. 그런 그녀가 결혼 생활에서 여성으로서 성적 감각과 성적 정체성을 깨달은 것은 육아의 경험이었다. 남편과의 성생활에서는 만족감이나 쾌락의 감각을 느끼지 못했으나, 아이를 통해 성적 감각을 알게 되었다는 것이다.

> 애가 젖을 빨잖아요. 그 가슴이 찌릿찌릿한 마음 … 그때 나도 여자구나, 그때 느끼더라고요. 남편하고 성생활에서 즐거움은 전혀 못 느꼈어요.　　　　　　　　　　　　　　　　　　　　　　　　_사례 Q

간호사였던 사례 B는 신체 구조와 임신 등에 관한 지식을 알고 있었다. 스물세 살에 결혼한 그녀는 남편의 일방적인 성관계 요구 때문에 피임약이 없는 사회에서 원치 않는 임신을 자주 했다. 수술실 간호사라는 자신의 고된 업무를 이해해주지 않는 남편과의 성생활은 고통스러웠다. 아이를 낳은 후에도 열 번 이상 임신이 되어 자신의 병원에서 동료들에게 부탁해 몰래 소파 수술을 했다. 몸이 약하면서도 성적 욕구가 강했던 남편은 아내와의 교감보다는 자신의 성적 욕구만 해결하는 것이 일상이었다. 동료 간호사들이나 병원 의사들이 자신에게 "남편과 잠자리 좋으냐?" 하고 물으면 자신은 왜 어떤 즐거움도 느끼지 못하는지 답답하고 울고 싶었다.

(남편은) 애무 같은 건 전혀 없어요. 장난하다가 툭 붙어서 툭 하고 떨어지면 끝이에요. … 우린 결혼 첫날밤 자는 걸 아주 환상적으로, 정말 재미 최고로 아는데 첫날밤도 (남편의 만취로) 그냥 잤고 … 남편이 자자 하면 난 너무나 피곤했어요. 물 길어야지 밥하고 빨래하고 일 나가야지 짜증이 나는 거예요.   _사례 B

남편은 늘 새벽에 하자고 하거든. … 정말 깊이 잠들어 있을 때 하거든. … 그러면 내 몸은 옷과 이불로 붕대 감듯이, 몸은 저쪽에 아래만 주고… .   _사례 C

사례 P는 전형적인 가부장 질서에서 성생활을 했다. 그녀는 결혼 전에 남편과 단 두 번 만났을 뿐이다. 농촌에 사는 남편의 일방적 요구로 약혼과 결혼이 속전속결로 진행된 것이다. 사례 P의 부모는 처음에는 외동딸의 결혼을 반대했지만, 1990년대 초부터 시작된 식량난에 도시보다는 농촌이 나을 수 있겠다는 생각으로 결국 승낙했다. 그녀는 약혼식 날 성관계 때부터 결혼 3년 동안 수동적이며 무감각한 성생활을 하였다고 진술한다. 남편의 사랑을 느낄 수 없었고, 그가 일방적으로 성행위를 요구할 때마다 자신이 대상화되는 불쾌한 감정을 숨겨야 했다. 또한 농업 노동자의 아내로서 집안 살림과 고된 농업 노동을 병행하는 삶을 살아야 했다. 그러나 그녀는 성적인 대응을 여자의 의무로 생각하며 살았고, 그녀 자신이나 남편이나 성에 관한 지식이 거의 없었다.

> 남편은 성관계 의사를 물어보지도 않고 지 하고 싶으면 하는 거예요.
> 송장처럼 누워 옷 벗기면 옷 벗기나보다 하고 … 쑥 (남편의 성기를) 넣
> 으면 싫어도 참아요. 그렇게 사는 게 당연했으니까요.　　　　_사례 P

　북한은 여성들의 출산과 사회 진출을 독려하기 위해 탁아소 설치와
같은 지원 정책을 펼치면서도 피임과 관련된 정책을 시행하는 데는 소
극적이었다. 그러던 중 1980년대 인구 급증에 따른 자원 분배 문제가
현실적 문제로 대두되자 적극적으로 대응하기 시작했다. 북한에서 피
임은 여성들의 몫이었는데, 여성들은 주로 거주지 병원에서 무료로 배
급하는 '고리(루프, loop)'를 사용해왔다.[82] 그런데 1990년대 들어 출산
율 감소가 두드러지자 1993년 11월 '낙태 금지령'이 내려졌다. 1998년
제2차 전국어머니대회를 통해 다산이 장려되던 시기에는 김정일의 지
시에 따라 병원에서 낙태와 피임 시술이 불가능한 시기도 있었다.[83] 하

82　북한 여성들의 루프 사용과 관련한 연구에 따르면, 3~4년에 한 번씩 교체해야 하
　　는 루프를 반영구적으로 장착함으로써 부인과 질환을 일으키기도 했다. 임순희,
　　『북한 여성의 삶: 지속과 변화』(서울: 해남, 2006), 93.

83　식량난 때문에 북한 여성들은 출산을 기피했고, 중국에서 들어오는 보따리 상인에
　　게서 구입한 피임 기구를 오용하기도 하였다. 피임 시술 금지에도 불구하고 대부
　　분 의사에게 뇌물을 주고 시술받거나 집으로 불러들여 비밀리에 임신 중절 수술을
　　했으므로 여성들의 건강을 해치고 여성 불임을 초래하기도 했다. 위의 책, 94.

지만 그런 시기에도 루프 시술은 보편적으로 이루어졌다.

한편 북한 남성들은 콘돔과 같은 피임 기구를 거의 사용하지 않는다. 출산과 피임 문제는 대부분 여성에게 책임이 부과되기 때문이다. 북한 권력이 여성의 몸을 대상화하는 인구 조절 방식은 구소련이 해왔던 낙태 합법화와 금지의 혼합 정책을 답습한 것이다. 피임 수단의 발달은 출산 문제를 쉽게 통제할 수 있도록 하지만, 여성들의 사회 참여를 이끌면서 출산을 장려하는 이중적인 사회 통념이 작동하는 사회에서 피임과 낙태와 같은 생식 통제의 문제는 여성에게 부담감을 줄 수밖에 없다.

> 우리도 (아내가) 배불러 결혼했어요. 북한에서는 자기와 살 여자가 아니라 놀이 상대 여자면 소파를 시켜요. 북한에서 피임보다는 소파 수술이 성행해요. 값도 담배 한 막대기(한 상자)면 되거든요. _사례 G

생식 통제를 위한 피임의 책임자가 여성이라는 점은 북한 사회의 가부장성을 가장 극명하게 드러낸다. 출산과 양육이라는 재생산의 문제는 부부 공동의 과제지만, 실제로는 여성의 생식만이 관리와 규제, 그리고 의무의 대상이 되었다. 부부 사이의 친밀함이라는 사적 영역에서 남성 지배 문화가 하나의 원칙으로 작동하는 것은 그 자체로 가부장성이 지닌 일상권력의 효과를 보여준다.

부화와 이혼

북한 사회에서도 기혼 남성들의 부화(외도)는 성행한다. 남성 중심의 문화에서 여성들은 남성의 외도를 눈감아야 규범적인 여성이 되기도 했다. 북한에서 남성의 부화는 일정한 범위에서 사회적으로 용인된다. 여성에게는 처녀성과 정조 관념을 요구하는 데 반해 남성들에게는 그런 요구가 없어 상대적으로 자유롭게 다른 여성들과 성관계를 즐길 수 있기 때문이다. 이러한 이중적 성 규범은 남성 중심 가부장 문화의 특징이다.

사례 G는 가부장적 남성의 입장에서 자신의 외도를 진술한다. 그는 아내가 임신했을 때 남편이 외도하는 것을 자연스러운 남성 문화로 인식하고 있었다. 반면 여성의 외도에 대해서는 매우 단호하게 반대하는 입장이었다. 아내의 임신, 출산, 노화 등에 따른 남편의 외도는 당연한 본능으로 인정되지만 여성의 외도는 이혼의 사유가 된다는 것이다. 그러면서도 그는 이혼 시 위자료가 없는 북한의 사회 구조가 남성 중심의 성 문화를 지속하게 하며 남녀관계의 위계화를 가져온다고 인식하고 있었다. 북한은 개인의 재산 소유권을 인정하지 않는 국가이기 때문에 이혼할 때 위자료를 청구하는 사례가 거의 없다고 한다.

여자들은 남자의 쾌락을 만족시키기 위한 성생활의 도구니 남자들이 하라는 대로 하고 (남자가 여자들에게 하는) 성적 서비스는 없어요. …

여자들은 40대 지나 성을 안다고 하는데 그때 남자들은 바람을 피우잖아요. 여자들이 성에 대해 알 때쯤이면 남자들은 아내에게 권태를 느끼거나 환멸을 느끼는 거죠. _사례 G

연구 참여자들의 진술에 의하면 남편들은 결혼 생활에서 아이가 태어난 후 부화를 하는 경향이 두드러졌다. 여성들이 아침부터 밤까지 긴 시간 장마당 활동을 할 때 홀로 무료함을 느낀 남편들은 놀음으로 소일하거나 부화를 하기도 했다.

사례 A는 남편의 월급만으로는 먹고살기가 힘들었기 때문에 경제적으로 궁핍한 현실을 극복하고자 장사를 시작했다. 힘은 들었지만 장사가 생각보다 잘 되어 시작하자마자 돈을 모을 수 있었다. 그러다 보니 아침 여섯 시에 나가 밤 열한 시가 되어야 집에 돌아오는 고된 생활이 지속되었다. 그러던 중 장마당에서 서로 도움을 주며 지냈던 여성이 자신의 남편과 내연의 사이라는 것을 알게 된 사건이 있었다. 어느 가을날 밤, 장마당에서 곡식과 남새(채소)를 가공하느라 늦게까지 자신을 도와주던 제분소 아줌마를 자신의 집에 묵게 했는데, 잠을 자다 눈을 떠 보니 남편과 그녀가 성관계를 하고 있었던 것이다. 사례 A는 그 자리에서 자는 척할 수밖에 없었다. 자신의 목전에서 남편과 성관계를 한 그 여성은 가정이 있고 남편보다 열다섯 살 연상이었으며 그 후에도 사례 A의 집에 자주 들렀다.

글쎄 자고 있는데 사람이 예감이 별로여서 눈 떠 보니까 … 달빛에 커튼을 안 쳤는데 남편이 그 여자 위에 올라타고 있는 장면에 너무 억이 막혀서 말이 안 나가는 거였어요. _사례 A

사례 S의 남편은 결혼 생활 동안 아내에게 "두 가정을 운행하겠다"라며 자신의 이기적인 성적 욕망을 당당하게 요구했다. 문란한 성생활로 매독에 걸리자 그 병을 다른 여자에게 옮겨야만 나을 수 있다는 헛소리로 아내를 설득하려 했다. 남편이 자신의 부정한 행위를 정당화하는 태도는 가부장 문화가 질서 체계로 구축되어온 남성 중심의 미시권력이 드러나는 지점이다.

어느 날 저녁에는 미안하다고 니 곁에 가지 못해서 … 남편이 염증(성병)이 났대요. 그럼 대책이 무어냐고 항생제 맞으라고 했더니 항생제 비싼데 알아서 한다고 … 나중에 항생제 가지고 안 된대요. 병을 다른 여자에게 옮겨야 낫는대요. _사례 S

북한 사회의 가부장성을 확인하게 되는 지점은 무엇보다 남편의 일탈에 대한 여성들의 대응이다. 여성 참여자 대부분은 남편의 외도와 부정한 성적 행위를 직접 확인하게 되더라도 그것에 강하게 대응하지 않았다. 남편과의 대면을 회피하거나 부부관계를 거부하는 형태로 항의를 표시할 뿐이었다. 여기에는 북한 사회의 인습과 문화적 체계뿐 아니라 제도적으로 구축된 여성 불평등의 현실이 얽혀 있다고 볼 수 있다. 남편의 부화는 충분한 이혼 사유지만, 여성의 사회적 지위가 낮고 위자료 제도가 없다는 현실을 감안할 때 여성들이 이혼을 선택하기란 어려운 일이다.

가부장적 북한 사회에서 이혼에 관한 시각은 매우 부정적이다. 1956년 이후 재판에 의거한 법적 절차를 밟아야 이혼이 가능하도록 한 것은 사실상 여성의 성적 자율성을 축소하는 조치였다. 다른 한편, 가정폭력은 부부싸움으로 인식돼 법적으로 처벌되지 않는다. 사안에 따라 인민반이나 여맹에서 미시적인 개입을 하지만 대부분 단순한 가정 문제로 치부된다. 여성들이 경제 활동을 하면서부터 갈등이 드러나 가정폭력이 더욱 심화되고 있는 현상은 가부장 사회의 권력이 폭력으로 나타나는 것을 의미한다.[84]

사례 P는 병으로 아이를 잃은 후부터 남편의 이혼 요구와 폭력에 시달렸다. 친정 부모에게 어려움을 호소했으나 부모는 죽어도 시댁에서 죽어야 한다며 오히려 사위에게 친정으로 왔던 딸을 받아달라고 사정했다. 남편은 그녀가 국가 행사에 참여하지 않았던 사실[85]을 당국에 고발해 정치범으로 만들겠다고 협박하며 이혼을 요구했다. 이 과정에서

---

84 임순희, 『북한 여성의 삶: 지속과 변화』, 104.

85 사례 P는 세 살짜리 아이가 병으로 사망했는데, 아이의 사망일 13일 전에 김일성이 사망했다. 남편은 아이를 잃은 슬픔에 대국상의 동원에 참여하지 않았다는 이유를 들어 이혼에 응하지 않으면 정치범으로 몰겠다는 협박을 했다.

남편이 일방적으로 그녀의 귀책 사유 다섯 가지를 만들었다. 아픈 아이를 친정에 데리고 가서 아이를 잃었다는 것, 임신을 할 수 없다는 것, 시어머니를 학대하였다는 것, 겨드랑이에서 암내가 난다는 것 등이 이유였다. 이혼은 법원에 겨드랑이 암내에 관한 의사 소견서를 제출하는 것으로 간단하게 성립되었다.[86]

북한에서 이혼 사유로 받아들여지는 대부분의 사안은 여성에게 귀책 사유가 있는 것이다. 따라서 남성이 이혼을 요구할 때 남성에게 유리한 내용으로 이혼 사유가 작성되는 것이 일반적이다.

> (이혼 재판 판결문에) 사인을 하면서 '아니 내가 애를 하나 낳았는데 왜 내가 아이를 못 낳지? 시엄마가 나를 학대했지 내가 학대했나?' 혼자서 막 중얼거리면서 읽어보고 사인을 했어요. 뚝딱하니 이혼이 되더라고요. _사례 P

사례 K는 가족의 성분이 좋지 않아 학창 시절부터 기회를 박탈당하고 사회적 불이익을 겪으며 살았다. 그녀는 남성 중심 사회에서 경험한 두려움과 부정적 성 경험 때문에 결혼을 미루다가 중매로 나이 많은 어업 감독 남성에게 시집을 갔다. 그러나 남편의 외도가 심해 결혼

---

86 의사가 겨드랑이 액체증이 나타나지 않는다고 하자 남편은 준비해 온 담배 한 막대기를 고여(한 박스를 뇌물로 건네) 사실과 다른 진단서를 받아냈다(사례 P 인터뷰).

생활은 견디기 힘들었다. 아이를 낳지 않을까 했지만, 여자가 몸을 함부로 굴려 임신이 안 된다는 속설에 누명을 쓰고 싶지 않아 아이를 낳았다.

결혼 생활과 부화의 이중 생활을 고수하려는 남편을 설득해 이혼을 하기로 하고 재판을 받았는데, 앞서 언급했듯 북한 사회에서는 보통 남편이 아내에게서 불이익을 당할 때 이혼 판결이 나기 때문에 사례 K에게 책임이 있는 것으로 이혼 사유를 작성해야 했다.

> 법관들이 모두 남자였기 때문이지요. … 뇌물을 고여서 판결을 받기로 했는데 판결 바로 전날 남편이 외화벌이용 어업 나갔다가 풍랑에 물에 빠져 죽었어요.   _사례 K

북한은 재판 이혼을 통해 이혼의 증가를 막고 가정을 지원하려는 정책을 펴고 있지만, 재판 이혼의 기능은 사실 매우 이중적이다. 재판 제도는 가정의 해체를 막기 위한 제도로 기능하기보다 남성 중심의 욕망을 어떻게든 지켜내는 역할을 담당한다. 여성의 관점이나 주장이 반영되지 않고 남성 중심으로 이혼이 진행되는 현상은, 가부장 질서에 기초한 성 통치가 얼마나 깊게 구축되어 있는가를 가늠하게 하는 하나의 지표다.

세 번째,

고난의 행군과 섹슈얼리티

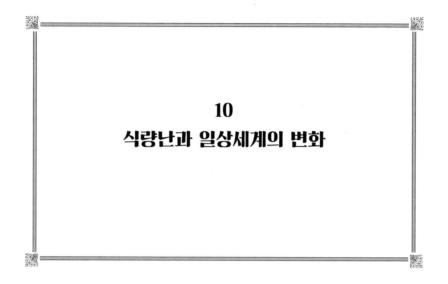

10
식량난과 일상세계의 변화

기근, 중단된 배급제, 자력갱생

권력 통치를 지속해온 북한 사회에서 장기간에 걸친 경제적 어려움은 집단주의에 균열을 가져와 파편화된 개인을 출현시켰다. 1990년대 중반부터 심각한 경제난과 장기적 기근이 겹쳐 나타나자 북한 당국은 공식적으로 이 시기를 '고난의 행군[87]'이라 명명했다. 고난의 행군

---

[87] 모범적인 선조 빨치산 대원들처럼 영웅적으로 '고난'을 견디라는 의미에서 이러한 이름이 붙여졌다. 고난의 행군은 원래 조선 인민혁명군 주력 부대가 1938년 12월 초부터 이듬해 봄까지 몽강현 남패자에서 장백현 북대정자를 향해 갔던 백여 일 간의 행군을 뜻했다. 『로동신문』, 1999년 9월 28일.

기간에 배급이 중단되고 기근이 지속되자 먹거리를 구하려는 북한 사람들이 국경을 넘는 현상이 잦아졌다. 식량난이 심화됨에 따라 다양한 일탈 현상이 사회 전반에 걸쳐 나타났다. 폭력, 절도, 인신매매, 유기, 살해 등의 극단적 범죄가 빈발하고, 가정이 붕괴되는 현상이 발생하여 사회 전반적으로 '기아로 상처받은 사회'[88]의 모습을 보였다. 고난의 시기가 길어지면서 국가의 근간을 이루던 통제 시스템이 무너지기 시작했다.

식량난은 체제와 경제 의식, 집단주의에 대한 북한 사람들의 인식을 변화시켰다. 몰락한 사회주의 국가의 경험이 보여주듯, 경제적 실패는 체제 붕괴의 선행 조건이 되고, 의식의 변화는 사회주의 체제를 붕괴시키는 데 주요한 계기로 작동한다.[89]

사회적 변동 속에서 북한의 정책은 사회주의 정책의 근간이 되는, 식량과 재화를 국가가 책임지는 배급제를 중단하고 자력갱생이라는 미명 하에 생존의 부담을 인민들에게 넘기는 것이었다. 인민들은 급격한 사회변동의 상황에서 생존을 위한 새로운 생활세계를 구축하며 인

88　임순희, 『북한 여성의 삶: 지속과 변화』, 73~74.

89　김갑식, 오유석, 「고난의 행군과 북한사회에서 나타난 의식의 단층」, 최완규 편, 『북한도시의 위기와 변화: 1990년대 청진, 신의주, 혜산』 (파주: 한울아카 데미, 2006), 231에서 재인용. Lezek kolakowski, "Mind and Body: Ideology and Economy in the Collapse of Communism," Kaimerz Z. Pozanski ed., *Constructing Capitalism: The Reemergence of civil society and Liberal Economy in the Post-Communist World* (Boulder: Westview Press, 1992), 12.

식 변화를 경험했다. 결과적으로 체제는 붕괴되지 않았지만 고난의 행군 이전까지 국가에 의존하던 삶의 양태가 가족 단위의 자력갱생 방식으로 변화되었고, 국가 담론에 순응하며 호명되던 집단 속에서 파편화된 개인이 등장했다. 가족의 먹거리를 책임질 수밖에 없는 상황에 놓인 여성들은 장마당 활동이나 식량 구하기 등의 사경제 활동을 하게 되었다. 가족들의 생존을 위해 여성들이 국경을 넘나드는 현상이 확대되고 출산율 저하, 가족의 해체와 이동, 가족 단위의 장사 등이 성행하여 사람들의 사회주의 규범과 가치관이 변화되었다.

이 시기 동안 북한 사람들은 계층 간 불평등을 철저하게 경험했다. 사경제 활동은 계급에 따라 다른 형태로 진행되었는데, 상층 계급의 활동 유형이 이윤 극대화 추구라면 중하층 계급의 경우는 대부분 겨우 생계를 유지해 나가는 식이었다. 간부직 가정과 같은 상층 계급의 경우 식량 배급이 지속되고 이윤을 남기는 장사를 할 수 있어 경제난 이후 삶이 더욱 윤택해졌다.[90] 중하층 계급 주민들은 살아남기 위한 생존 전략으로 장마당에 모여들었고 이렇게 생겨난 농민 시장이 성행해 아래로부터의 자생적 시장화가 전개되었다.[91] 사적 소유를 경험하지 못

---

90 이미경, 「경제난 이후 북한 여성의 삶과 의식 변화와 한계: 탈북여성과의 심층 면접을 중심으로」, 북한연구학회 편, 『북한의 가족과 여성』 (서울: 경인문화사, 2006), 382~389.

91 최봉대, 구갑우, 「북한도시 '장마당' 활성화의 동학」, 최완규 편, 『북한도시의 위기 와 변화』, 114.

했던 인민들은 장사를 하며 급격한 변동 세력의 주체가 되었고, 권력 자들은 자신의 권력 자본을 토대로 이익을 극대화했다. 이 과정에서 가족이 해체되었고, 기존의 성 도덕과 혁명적 인간상은 변질되었다. 굶 주림을 체험하면서 사회적 인간관계도 변화했는데, 가족과 이웃의 죽 음으로 인한 충격에서 벗어나기 위해 사람들이 내세운 전략은 계층마 다 달랐다. 중앙의 통제가 무너진 상황에서 인민 대다수가 기아와 죽 음에서 벗어나기 위해 사투를 벌였다면, 권력층은 사회의 간극을 이용 해 굶주려 먹을 것을 찾아다니는 가난한 사람들에게서 뇌물을 받아내 거나 권력 연결망을 이용해 돈벌이를 했다. 또한 빈부 격차에 따른 계 급 간 갈등뿐 아니라 취약 계층끼리의 경쟁이 나타나기도 했다.

전반적으로 국가에 노동력을 바치던 개인들은 이제 사경제 활동을 하거나 텃밭을 만들며 자신만의 이익을 위해 노동을 수행하기 시작했 다. 경제적 자본이 없는 사람들은 집안의 물건을 내다 팔며 장사를 시 작하기도 하고, 중국에 있는 친척을 찾아 도움을 청하면서 공간 경험 을 확장하기도 했다.

반세기 동안 국가의 배급에 의지하며 살아온 북한 인민들에게 배급 제의 붕괴는 각자 생존을 책임져야 한다는 새로운 생존 방식의 도래 를 의미했다. 그런 방식을 경험한 적이 없을뿐더러 물적 토대 역시 빈 약했기 때문에 어려움을 겪을 수밖에 없었지만, 어쨌든 극심했던 장기 기근은 배급제로 인해 자생적 생존력을 갖출 수 없었던 북한 사람들이 새로운 생존 전략을 터득하는 변동의 계기를 제공했다. 도시 노동자들은 식량을 구하기 위해 농촌으로 이동했고 가축용 동물 소비가 증가했으며, 점점 더 많은 인민이 이주와 월경을 시도했고 먹을 것을 훔치는 비법이 공공연하게 나돌았다. 경제난 동안 주민들의 비사회주의적 활동과 일탈 행동을 금지하기 위해 당국은 사회 통제의 일환으로 포고문을 발표하고 사형이라는 극단적 처형을 공개적으로 실시했다.

표 5 고난의 행군과 국가적 대응

정책	내용	영향
대내	사회통제, 포고령(1995년~)	굶주림으로 인해 실제 효력 미발생 → 2004년 형법 개정으로 통제 완화
	배급제 축소·중단(1996년)	태업, 대량 아사자, 가족해체, 장마당, 인구이동, 인신매매 → 인구변화, 사경제 도입
	선군가정 의무(2000년~)	선군가정 군위원호 의무 → 후방의 군인생계 분담 주민 고통 가중
대외	현금무역거래 정책(1996년)	다수 무역회사 설립, 외화벌이 사업에 전력
	국제사회 식량원조 요청(1997년)	국제사회의 인도적 지원으로 식량 반입, 배급 구조 모순 → 부패 확산

그러나 국가의 통제와 규범은 더 이상 예전과 같은 효력을 갖지 못했다. 1996년 배급제가 중단되었을 때 인민들은 이미 장마당을 열어가며 자신의 생존을 스스로 책임지기 위해 분투하고 있었다. 한편, 국가는 식량난으로 인한 비상 상황을 애국심과 희생 정신으로 극복하기를 요청하며 '선군가정'을 의무화했다. 선군가정이란 군을 앞세우는 국가 정책에 맞도록 후방에서 군인들의 생계를 분담하자는 것을 주요 내용

으로 하는 하나의 이데올로기다.

생존을 위한 분투

구소련과 동유럽 사회주의 국가의 체제 이행기에 사회적 약자인 여성이 1차 피해자였던 것과 같이, 북한에서도 가부장 사회에서 위계화된 여성들이 가족의 생존을 책임지면서 '국가적 어려움을 극복할 주체'로 호명되었다. 고난의 행군기라는 급격한 사회변화를 통해 기존의 제도와 규범에 균열이 왔고 사회주의 체제에 맞대응하는 개인이 출현하기 시작했는데, 그 분투의 중심에는 여성들이 있었다.

앞서 언급했듯 고난의 행군기에 식량 배급은 중단되었다. 사회 도처에서 기아와 죽음이 목격되었고, 도시 노동자의 가족, 직장이 없는 사람들이나 병들고 가난한 계층의 사람들은 그러한 생명의 위기에 특히 더 취약했다. 사례 S의 진술에 의하면 1997년과 1998년에 김책시에서 하루 평균 80여 명이 굶주림과 병으로 죽었다. 김책시는 고난의 행군이 가장 먼저 시작된 함경북도에 속하며 농촌과 거리가 먼 지역이었다. 직장 단위로 이루어졌던 배급은 중단되었지만, 직장에 따라 출근하는 사람에게 아사를 면할 정도의 옥수수죽 한 끼는 제공되었다. 이 시기에는 '높은 베개'라는 말이 유행했는데, 이 말은 굶주림으로 기력을 다한 사람이 이부자리를 채 펴지 못하고 이불 더미에 기대 죽는 현상을 가리킨다. 그만큼 죽음은 일상적이었고 굶주림으로 인해 산 자와 죽은 자의 경계가 모호했다. 이미 굶주림에 시달리고 쇠약해진 사람들은 언제 어디서건 쉽사리 죽는 환경 속에서 살고 있었다.

> '더는 못 견디겠어, 못 돌아다니겠어' 하며 집에 들어갈 때 누구와 이야기를 했지만 집에 들어가서 팍하고 고꾸라지면 '높은 베개'를 베는 거예요. _사례 S

북한의 전 지역에서 사망자가 늘었고 영양실조, 비위생적인 환경, 물 부족이 만연해 질병이 확산되었다. 기초 의료 서비스나 의약품 등도 잘 공급되지 않았다. 이 시기에 가장 취약한 계층은 노인과 유아, 여성이었다. 특히 이미 질병을 가지고 있던 사람들은 굶주림으로 인해 합병증이 심화되어 사망하는 일이 다반사였다. 그러나 유가족들은 사망의 원인이 '아사'였다는 말도 할 수 없었는데, 그 어감이 국가에 책임을 전가하는 듯한 뉘앙스를 풍겼기 때문이다. 이러한 행위는 국가 권력의 억압이 내면화된 자기검열의 결과라고 볼 수 있다.

사례 P는 아버지의 죽음을 자신의 탓으로 인식하고 있었다. 당시 식량난이 심화되자 아버지는 중국에 있는 고모를 통해 중국으로 가려 했으나 여권 발급이 거부되어 뜻을 이루지 못했다. 그 후 중풍에 걸렸는데 의료 처치도 받지 못하고 굶주림에 시달리다 3개월 만에 돌아가셨다. 사례 P는 아버지가 중풍에 걸린 원인이 당시의 열악한 상황과 더불어, 자신의 비참한 결혼 생활과 이혼, 외손녀의 죽음을 지켜보며 마음 고생을 심하게 한 데 있다고 보았다. 그녀는 돌아가신 아버지에게 심한 죄책감을 느끼고 있었다.

> 그때가 제일 어려울 때였어요. 쌀이 없어서 입에 한 모금 넣어드리지 못하고 돌아가셨어요. 96년도에 돌아가셨으니 거의 20년 됐는데 아버지 생각하면 너무 가슴 아파요.　　　　　　　　　　_사례 P

사례 C에 의하면 고난의 행군은 지역 간에 시차가 있었다. 식량난이 가장 먼저 시작된 곳은 함경도와 양강도 등 북쪽의 산악 지역이었다. 1997년과 1998년에는 그곳을 중심으로 많은 사람이 아사를 경험했고, 1998년과 1999년에는 강원도 지역을 중심으로 많은 사망자가 발생했다. 사례 C는 11년 동안 학교 교원으로 일해왔는데, 그렇게 안정된 직장에서도 식량 배급이 이루어지지 않았다. 그런 상황에서 그녀는 앞날이 보이지 않아 하던 일을 그만두고 외화벌이에 나섰다.

> 직장을 다녀봐야 미공급으로 식구들이 다들 굶는데 어쩌겠어요. 결국 나 또한 11년 동안 해왔던 학교 교원을 그만두고 외화벌이로 나서기로 했어요.　　　　　　　　　　　　　　　　　_사례 C

고난의 행군기에 열린 장마당에는 주로 중국에서 들어오는 식료품과 공산품을 판매하는 상업적 시장과, 가정에서 쓰던 물건을 먹을 것과 맞바꾸는 물물교환 시장이 함께 열렸다. 경제 활동을 해본 적이 없는 여성과 아이들이 장마당 활동에 참여하는 경우 때로 그 활동은 매우 위험하기도 했고, 장기간의 영양결핍으로 인해 체력적으로 매우 쇠약해진 상태에서 먼 거리를 다닐 때는 그 자체만으로도 생명을 위협받았다.

사례 I는 시집올 때 물건을 여유 있게 장만해왔던 덕에 고난의 행군기를 일정 기간 버틸 수 있었다. 먹을 게 필요하면 이불을 하나씩 내다 팔거나 놋그릇, 소래(쇠그릇) 등을 내다 팔아 먹거리를 샀다. 그러나 기근이 지속되자 어린 자녀들까지 장사를 하며 생존을 위해 안간힘을 써야 했다. 큰아이가 중국으로 떠나자 언니를 따라가겠다고 나간 열세 살짜리 셋째 아이가 우천으로 불어난 두만강 물살에 휩쓸려 사망하였다.

> 열세 살짜리 셋째 애가 언니 찾으러 간다고 두만강 건너다 물이 불어 떠내려갔어요. 아이를 못 찾았지요. 아까운 간나(어린 딸)를 하나 잃었어요. 96년에 시어머니 돌아가시고, 98년에 남편은 광산에서 죽고, 아이까지 잃었으니 그 시기 엄청 힘들었지요. _사례 I

북중 접경 지역은 경계의 공간이자 소통의 공간이었다. 탈북 여성 대부분은 지형에 대한 지식을 사전에 입수하고 강을 건너는 데 도와줄 브로커 같은 연결망을 이용하여 중국에 당도했고, 중국에서 한국으로 왔다. 단순히 중국에서 먹거리를 구하기 위해 강을 건너다닌 사람도 많았는데, 이 과정에서 많은 아이와 여성들이 물살에 휩쓸려 희생되기도 했다.

가족의 재구성

식량난이 지속되면서 가족해체가 일어났다. 가족해체란 함께 생활하던 가족 구성원들이 생존을 위해 각각 흩어지는 것을 의미하는데, 가족이 변화한다는 의미에서 가족이동과 동일하지만 더 이상 가족단위로 생존을 추구하지 않는다는 점에서 차이가 있다. 가족이동의 경우에는 농촌이나 타국으로의 이동이, 가족해체의 경우에는 아이를 친척에게 보내는 경우가 많았다.[92] 이 시기 동안 외국에 있는 친척에게 도움을 요청하고 경제적 지원을 받았던 사람들은 어려움을 면할 수 있었다. 과거에는 친척이 외국에 살고 있다는 사실이 자신의 성분을 하락시키는 요인으로 작용했으나 경제난 이후에는 오히려 그러한 친척의 존재가 생존에 도움이 될 수 있는 하나의 방편이 되었다.

고난의 행군을 경험한 탈북인들을 대상으로 조사한 결과에 의하면

---

92   박현선,『현대북한사회와 가족』(파주: 한울아카데미, 2003), 238.

1993년에 가족해체를 경험한 이들은 전체 응답자의 6.9%에 불과했으나 1994년 이후에는 그 비율이 20%로 늘어났다.[93] 가족해체와 이동이 극심했던 시기 동안 인신매매와 영아 살해, 아동 유기 문제 등의 발생률도 치솟았으며, 전반적으로 취약 계층의 생존이 심각하게 위협받았다.

많은 사람이 중국으로 건너다니며 먹거리와 물자를 구해왔다. 하지만 기업소의 남성들은 그럴 수 없었는데, 직장에 출근하지 않을 경우 발각될 확률이 높았기 때문이다. 무단으로 결근하는 노동자는 노동단련대[94] 처벌을 받아야 했다.[95] 당시 북한의 노동자는 월급과 배급이 중단되고 할 일이 없어도 출근을 지속해야 했다.

사례 R은 군의관 남편과 안정된 생활을 하다가 고난의 행군기에 부친의 아사와 굶주림을 경험했다. 그녀는 결국 남편의 결단으로 탈북을 할 수 있었는데, 정작 남편은 북한을 벗어나기 어려웠다. 남편이 근무하던 개성 지역에서는 직장을 이탈하는 것이 발각되기 쉬웠고, 탈북에

---

93 박현선, 『현대 북한의 가족제도에 관한 연구: 가족의 사회적 재생산과 가족제도의 관계를 중심으로』(박사학위논문, 이화여자대학교, 1999), 174.

94 주로 경죄를 지은 범죄자들이 수감되는 강제노역소를 의미한다. 1990년대부터 사상 교화를 목적으로 운영되었다. 수감된 사람들은 6개월 미만의 기간 동안 강제노동을 해야 했다. 절도범, 무직자, 도강자, 핸드폰 사용자, 한국 드라마 청취자 등이 수감되었다고 전해진다.

95 이화여자대학교 통일학연구원 편, 『선군시대 북한여성의 삶』(서울: 이화여자대학교출판부, 2010), 124.

실패할 경우 군의관 신분 때문에 더 큰 처벌을 받을 것이 두려웠기 때문이다.

> 우리 색시하고 애기까지 멕일 건 없고 남편이 되가지고 못 멕이고 나 혼자 먹고살면서 애들을 다 굶겨 죽일 순 없다고 하면서 돈이랑 마련해서 주며 가라고 떠밀었어요. _사례 R

기근을 경험하면서 입을 하나라도 줄이기 위해 가족 구성원 중 일부가 어딘가로 사라지는 일이 빈번하게 발생했다. 고난의 행군 이후에도 가족의 해체와 재구성은 지속되었다. 가족과 이웃을 둘러싼 관계도 변화했는데, 특히 공동체 의식이 약화되면서 남의 일에 참견하거나 이웃의 집에 방문하는 일 등이 지양되었다.

> 남의 것에 참견해봐야 듣지도 않고 이미 공동체보다는 가족 위주로 가면서 형제끼리도 담쌓고 사는데 그건 돈 문제예요. 고난의 행군 이후에는 누가 오면 얼마 없는 먹거리를 나눠야 하고 그러면 자신들의 가족이 못 먹으니까 … 단절하고 자기네 가족 단위로 살아요. _사례 F

고난의 행군 이후의 실태에 대한 인터뷰 자료에 의하면 생계 보존을 위한 사회적 이동에서 이혼, 사실혼, 중혼 등의 가족해체와 재구성이

발생하고 있었다.[96] 특히 국가가 제도적으로 제한했던 이혼이 1990년
대 중반을 지나면서 폭발적으로 증가하였다. 국가는 제도를 앞세워 이
혼을 규제하려 했으나 성적 주체로 나선 사람들은 혁명적 결합으로 규
정된 결혼 생활을 깨고 개인의 욕망을 앞세운 삶을 살고자 했다. 사회
적 불안 속에서 뇌물은 재판 이혼을 성사시키는 데 중요한 요소였다.
이혼이 급증하게 된 이유는 고난의 행군을 통해 무능해진 남자들이 사
회변화에 발맞추어 변화하지 못하고 가부장적 질서를 그대로 고집하
는 과정에서 갈등이 증폭되었기 때문으로 해석된다.

> 내 중학교 때 한 학급이 쉰세 명이었는데 그 중 네 명만 부부가 살고
> 다 이혼을 했어요. 나도 깜짝 놀랐어요. 한번 만나 보니 친구들이 다
> 이혼을 한 거예요.　　　　　　　　　　　　　　　　　　_사례 B

또한 이 시기에는 관계망을 이용하는 현상이 발생하였는데, 사적 연
결망을 통해 직접 중국의 친척을 찾거나 브로커를 통해 해외나 남한에
거주하는 친척을 찾아 도움을 받는 일이 성행했다. 공적 연결망을 이
용하는 사례도 많았는데, 이는 주로 권력층에 뇌물을 바침으로써 원하

96　성적 교환을 매개로 하면서 정치 경제적 자원의 재분배를 위한 실용적 형태의 가
　　족이 시도되고 있다는 점에 주목해야 할 것이다. 조정아 외, 『북한 주민의 의식
　　과 정체성: 자아의 독립, 국가의 그늘, 욕망의 부상』 (서울: 통일연구원, 2010),
　　337~348.

는 것을 얻는 형태로 나타났다. 사적 연결망을 이용한 탈북과 월경은 이 시기의 커다란 사회 문제였다. 이에 당국은 1999년 형법을 개정하여 '비합법적으로 국경을 넘는 자'[97]는 3년 이하의 노동 교화형에 처하도록 했다.[98]

사례 L은 탈북을 시도하다 잡혀 감옥살이를 했다. 그녀의 외할머니는 한중 수교가 되던 해에 중국을 통해 남한에 먼저 가 있어서 가족들과 비밀리에 연락이 되는 상태였다. 고난의 행군기에 중국으로 가서 외할머니가 보내주는 돈을 받을 수 있었던 덕에 가족들이 큰 도움을 받았다. 그러나 국경을 넘는 과정에서 잡혀 온성의 감옥에 투옥되었다가 어머니의 '고이기'(뇌물)로 40일 만에 풀려나왔다.

> 99년도에 돈 구걸하러 중국으로 들어갔다 돈 받아 나왔는데, 할머니가 100만 원 주어 (그걸) 오빠에게 주었어. (다시 중국으로 가기 위해) 8시 15분까지 오라 했는데 30분에 도착한 거야. 거기서 바로 잡혀 감옥에 간 거야. _사례 L

사례 E의 아버지는 자동차와 선박을 수리하고 전기 등을 다루는 기

---

97 북한은 '탈북'을 조국 반역 행위로 규정하여 7년 이상의 노동 교화형에 처함을 명시했다(1987년 형법 제47조).

98 이금순, 『북한 주민의 국경이동 실태: 변화와 전망』(서울: 통일연구원, 2005), 94.

술 노동자였다. 그녀는 소학교에 들어가면서부터 고난의 행군을 경험했다. 식량난 초기에는 손재주가 좋던 어머니가 옷을 만들어 먹고살았지만 날이 갈수록 생활은 점점 어려워졌다. 그러던 어느 날 공장에서 일어난 사고로 아버지의 세 손가락이 절단되었는데, 그때부터 아버지는 다른 집 여자들처럼 돈을 벌어오지 않는다며 어머니를 때렸다. 그 후 어머니는 사람들과 장사를 하러 돌아다니면서 몇 달씩 집에 들어오지 않았다. 이웃집 아주머니들도 보이지 않았다. 대부분 장사를 하러 나갔기 때문에 동네에는 아이들만 있었다. 사례 E는 어머니를 따라나서기도 했지만 주로 집에서 살림을 맡아 했다. 그러나 술 취한 아버지가 그녀에게도 돈을 벌어오라고 호통을 치는 통에 열두 살 여름 무렵에는 혼자서 평안남도 회창 금광 부근의 인력 시장을 찾기도 했다. 그곳 금광에서 아이들을 고용한다는 소문을 들었기 때문이다. 그녀는 새벽 버스를 타고 회창 장마당에 가서 사람들이 모여 있는 곳에 섰다. 말로 듣던 대로 돈주[99]라는 사람들이 와서 금광에서 일할 아이들 몇 명씩을 데려갔다. 자신도 어떤 돈주 아저씨에게 뽑혀 채굴장으로 갔다. 그곳은 과거 일본 사람이 개발한 금광으로 굴이 워낙 좁아 체구가 작은 아이들이 필요했다. 그녀는 종일 일했지만 임금도 받지 못하고 새벽에 돌아와야 했다. 재워주겠다며 그녀를 자기 집에 데려간 어떤 남성이

---

99 돈주는 북한에서 외국인을 대상으로 관광 사업과 무역 등을 하며 부를 축적한 신흥 자본가를 의미한다.

성폭행을 시도했기 때문이다. 다행히 도망쳐 나왔지만, 당시 그녀처럼 위험에 노출된 아이들이 부지기수였다고 한다.

장기간 지속된 고난의 행군 기간 동안 북한 인민들은 굶주림으로 죽어가는 사람들을 목도하면서 국가를 위해 노동하며 배급제로 살아온 자신들을 국가가 더 이상 지켜주지 않는다는 사실을 뼈저리게 통감했다. 이제 그들은 개인의 목숨과 생존을 위해 사소한 이익을 챙겨야만 했다. 집단주의는 균열되었고 일탈이 만연했으며 금지된 사유화가 확산되었다. 그 결과 가족 단위의 개인이 우선시되는 새로운 규범이 생겨났다.

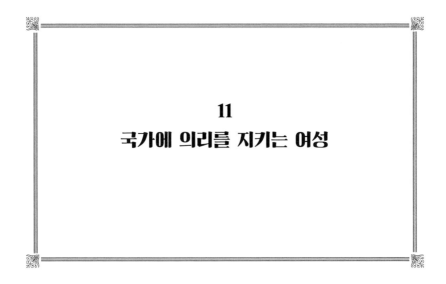

11
국가에 의리를 지키는 여성

인민군대를 사랑할 것

정권을 이어받은 김정일은 고난의 행군이 지속되자 '선군가정론'[100]을 제시했다. 국가 권력은 위기를 극복하기 위해 가족의 사회적 역할을 강조하며, 각 가정마다 군대를 원호할 것을 지시했다. 여성에게 다시 어머니 역할을 강조하면서 자녀 양육뿐 아니라 군대를 돕는 후방의

---

100 선군가정은 총대 가정, 원군 가정, 군인 가정 등의 명칭으로 불린다. 총대 가정의
    전형은 김일성 집안이다.

역할까지 부과한 것이다.[101] 국가 권력은 새로운 담론으로 인민들의 정신을 재무장하려 했다.

> 혁명적인 가정은 오직 우리나라에서만 나올 수 있으며 이것은 우리의 자랑입니다. 군인 가정. 총대 가정. 이것이 위대한 선군 혁명 시대인 오늘의 우리 시대 가정의 전형이다.[102]

선군가정은 '한전호'에 비유되기도 하는데, 이는 전투 시 방호를 위해 구축하는 진지를 뜻한다.[103] 선군 시대 가족론은 요컨대 가족 자체보다 군대와 국가의 보위를 강조하고 있다. 식량난의 위기 속에서 가족 단위로 자력갱생해야 하는 사회적 조건과 배급이 중단된 현실을 고려할 때, 자신의 아이들을 지키려는 어머니들은 군대 원호라는 임무를 받아들일 수밖에 없었다. 『조선녀성』은 다음과 같이 선군가정의 군대 원호 역할을 강조했다.

---

101 이 시기는 군대에도 식량이 보급되지 않아 고향으로 '보급 투쟁'을 위한 장기 휴가를 보내주기도 했다. 군인들은 6개월 간 고향으로 돌아가 식량을 얻어오고, 종자가 될 만한 것을 가져왔다. 그러나 군인들의 일탈 행위와 도둑질은 사회적인 문제가 되었다. 좋은벗들 편, 『사람답게 살고 싶소』(서울: 정토출판, 2000), 94~95.

102 『조선녀성』, 2001년 1월호, 12.

103 『로동신문』, 2007년 3월 8일.

인민군대를 사랑하고 잘 도와주어야 합니다. 우리는 군인들이 눈보라와 찬 비를 맞으며 조국의 방선을 굳건히 지켜 서 있기 때문에 마음 놓고 사회주의 건설을 하고 행복한 생활을 누리고 있다는 것을 언제나 잊지 말고 군인들을 친자식처럼 아끼고 사랑하며 진심으로 도와주어야 합니다.[104]

주동숙 녀성은 지난 기간 가정 살림살이를 깐지게 하면서 여러 가지 수많은 원호 물자를 마련하여 사회주의 건설장에 동원된 인민군인들에게 수십 차례 걸쳐 원호했다.[105]

국가 권력은 제도와 담론을 통해 국가가 규정한 선군가정에 적합한 사례를 찾아 선전하고 재생산했다. 선군 시대의 참된 어머니상은 자신의 아이들만 키우는 것이 아니라 모든 아이를 돕고 보살피는 사회적이고 희생적인 여성이었다. 남편을 내조하며 양육을 전담하는 것도 여성들의 중요한 시대적 임무였다. 아울러 고난의 행군으로 발생한 인구 손실 문제를 해결하기 위해 국가에 의리를 지키고 보은한다는 명분의 다산 담론이 강조되었다.

---

104 『조선녀성』, 2001년 10월호, 30.

105 『조선녀성』, 2002년 2월호, 29.

오늘 자식을 많이 낳아 훌륭히 키워 조국 앞에 내세우는 것은 선군 시대 우리 녀성들의 본분이며 숭고한 의리이다.[106]

이 시기의 인구 동태는 1993년과 2008년 두 차례에 걸쳐 실시한 인구 센서스 자료를 통해 나타난다. 출산, 사망, 이주 지표들과 탈북인들의 증언을 종합한 동태율 변화에 따라 인구 손실의 정도와 요인을 분석한 결과, 1993년에서 2008년까지 88만 명의 손실이 있었던 것으로 추정된다. 특히 고난의 행군 시기인 1993년에서 1998년 사이의 사망 손실은 34만여 명으로 추정된다.[107]

1995년 북한의 연평균 인구 증가율은 1965년 인구 증가율의 3분의 1 수준인 1.02%였다. 국가 차원의 인구 증가 정책에도 불구하고 북한의 출산 장려 정책은 큰 효과를 보지 못했다. 가임여성들의 출산율은 1965년 1인당 4.09명을 정점으로 계속 감소하여 1995년에는 2.09명,

---

106 『조선녀성』, 2006년 3월호, 34.

107 식량난으로 인한 인구 손실 통계 자료는 연구자에 따라 그 수치의 편차가 컸다. 예컨대, 좋은벗들은 식량난민 조사 자료에 의해 1995~1998년까지 인구 손실을 300만 명으로 추정했다. 이석은 1994~2000년까지의 사망자를 1993년 센서스와 1998년과 2002년에 실시한 북한 어린이 영양실태조사를 통해 각각 25~69만 명, 63~112만 명으로 추정했다. 그러나 1993년의 센서스는 엄밀한 기준에 의해 실시되지 않았고, 2008년의 센서스를 국제 기준에 부합하는 인구 자료로 분석한 것이다. 2008년의 자료는 출산 감소, 사망, 탈북 등을 고려하여 사망자를 34만 2,639명으로 제시했다. 박경숙, 『북한사회와 굴절된 근대: 인구·국가·주민의 삶』(서울: 서울대학교 출판문화원, 2011), 226.

2010년에는 1.85명으로까지 떨어졌다. 고난의 행군 이후 북한 인구는 전례 없이 저조한 출생률과 대체 수준replacement level[108]에도 미치지 못하는 합계 출산율을 기록했고, 영아 사망률이 1000명당 50명에 육박하는 수치를 지속했다.

이러한 상황에서 인구 문제는 다시 생산의 문제로 담론화되었고, 생식 문제가 국가 생산성의 문제와 결부되어 학습되었다. 북한의 한 교과서는 생식을 공부하는 목적에 대해 인민을 위한 생산성 증대를 실현하기 위한 것이라고 설명했다.

> 인민들의 먹는 문제를 풀기 위해서는 농작물과 축산물, 수산물 생산을 적극 높여야 한다. 이 문제를 해결하는 데 무엇보다 중요한 것은 생식과 발생에 관한 원리를 효과적으로 리용하여 우량한 개체를 많이 얻어 내는 것과 함께 그 수를 늘려 단위당 생산성을 높이는 것이다.[109]

북한 사회의 전반적인 환경과 제도는 고난의 행군 이후 배급제의 붕괴, 시장화, 공업화와 교육 환경의 변화 등으로 출산율이 감소한 상황

---

108 인구학 용어로, 한 사회의 인구가 장기간 안정적으로 현상 유지되는 데 필요한 출산율 수준을 의미한다. 전문가들은 한 사회의 인구 구조를 유지하기 위해 필요한 인구 대체 출산율을 2.1명 수준으로 본다.

109 김동선, 『생물: 고등중학교 5』(평양: 교육도서출판사, 1999), 28~29.

을 변화시킬 수 없었다. 여성들은 국가의 안정적 지원을 더 이상 받을 수 없는 현실에 직면해 가족의 생계를 책임져야 했다. 그러한 현실과 시장화의 물결은 그들을 경제 활동의 새로운 주체로 급부상하게 만들었다. 이 경험 때문에 북한 여성들이 결혼과 출산을 점점 더 미루게 된 것으로 추정된다.

북한 권력은 다산 정책의 일환으로 1998년 9월 제2차 전국어머니대회를 개최했다. 이 대회는 1961년 실시된 1차 대회 이후 37년 만에 열린 것이다. 김정일은 북한 여성을 다시 '어머니'로 호명하며 혁명적 건설자가 될 것을 요구했다. 어머니는 경제난을 해결하고 세태 변화에 따른 인구 증가율 감소 문제를 개선하는 다산의 주체가 되어야 했다. 김정일은 여성을 "혁명과 건설을 떠밀고 나가는 힘 있는 역량"[110]이라 부르며 국가 재건에 몸과 마음을 바칠 것을 강조했다.

다산을 유도하기 위한 국가적 시도는 계속되었다. 2010년에는 '여성권리보장법'을 제정하여 자녀가 많은 가정에 각종 혜택을 주는 방안을 제도화했다. 2012년 11월 16일에는 '어머니날'을 제정하였다. 이런 식으로 국가는 고난의 행군에서 비롯된 사회적 어려움과 국가적 부담을 여성들에게 부과하는 전략을 취했다. 여성에게 사회적 역할을 재부여하고, 여성들의 재생산과 애국심을 연결시킨 것이다. 자녀를 많이 낳

---

110 김정일, 「조선로동당 중앙위원회 책임일군들과 한 담화(1995년 3월 3일)」, 『김정일 선집』, 제14권 (평양: 조선로동당출판사, 2012), 25.

는 여성에게 '모성 영웅'의 칭호를 붙여 주고 '다산 여성'을 국가에 보은하는 모범 유형으로 규범화하였다.

이처럼 권력은 국가를 유지하기 위한 전략으로 성을 적극적으로 활용했다. 아이를 많이 낳는 것이 곧 애국이라는 담론은 여성들을 다시 재생산의 대상으로 규정했다. 전쟁 이후 국가 건설을 위해 구국의 여성으로 호명되었던 여성들은 고난의 행군에서 선군 시대의 어머니로 다시 호명되었다.

'김일성 민족'이라는 신화

김정일 정권은 구국을 상징하는 '총대'를 강조하며 '총대 서사'를 생산해 대중에게 유포했다. 총대 서사는 김일성 일가를 항일 투쟁사의 구국 영웅 가족으로 신성시하는 결과를 만들고 더 나아가 '김일성 민족'이라는 신화를 만든다. 이러한 건국 서사는 북한 사람들이 선민 의식과 역사적 특수성을 공유하게 하고, 권력 세습을 정당화하는 정치적 이데올로기를 재생산한다. 총대 서사는 총대 사상으로 정립되기도 했는데, 이는 1999년부터 시작된 선군정치의 핵심 사상이 되었다. 총대 사상은 "총대를 틀어쥐고 혁명군대를 주력군으로 하여 혁명과 건설을 밀고 나갈 데 대한 사상"[111]이다. 이 사상은 북한의 시대적 변화가 요구하는 이론이자 실천적 규범으로 제시되어 당과 수령에 대한 인민들의 충성과 희생 정신을 고양시키는 역할을 담당했다.

> 우리 당의 총대 철학은 위대한 령도자 김정일 동지께서 최근 년간 날로 엄혹해진 우리 혁명의 환경과 급변하는 정세 추이를 과학적으로 분석한 데 기초하여 새롭게 정식화하여 내놓으신 것이다.[112]

총대는 북한 사회주의 국가의 건국을 가능하게 한 요소이자 외부 세계로부터 국가를 보호하는 힘의 원천으로 규정된다. 총대에 얽힌 서사는 김일성 가족을 중심으로 구성되어 있는데, 주요 등장 인물은 김형직과 강반석, 김일성과 김정숙, 김정일이며, 그 내용은 일제와 맞서 싸우는 김 씨 가문에서 일어난 총에 얽힌 이야기다. 총대 서사는 김일성이 아버지 김형직의 유물인 총을 어머니 강반석에게서 전해 받는 이야기로 시작한다. 아버지가 항일 투쟁에 사용하던 총을 물려받은 김일성은 그의 유훈을 받들어 민족 독립 회복을 위한 혁명적 각오를 하게 되고, 무장 투쟁에 참여하여 조국 해방 운동에 나섰다는 것이다. 총대에

---

111 림이철, 최금룡, 『선군조선의 오늘』 (평양: 평양출판사, 2007), 4.

112 최철웅, 『총대철학』 (평양: 사회과학출판사, 2003), 15.

관한 이야기는 북한의 교과서와 대중 교육 자료를 통해 유포되었다.[113]

'이 권총을 오늘 너에게 준다. 혁명의 계주봉으로 알고 받는 것이 좋
겠다.' 위대한 원수님께서는 아버님으로부터 권총을 정중히 넘겨받으
시었습니다. … 혁명가는 일생 동안 손에서 총을 놓지 말아야 한다.
총은 혁명의 승리를 담보해주는 방조자라는 것을 꼭 명심해라.[114]

강반석은 남편에게 받은 권총들을 남모르게 남편 묘 앞에 묻어 두었
다가 김일성이 타도 제국주의 동맹을 위해 활동했을 때 넘겨주었다.[115]
김일성에게 아버지가 남겨준 총은 현재 북한의 공식 건국 서사에서 가
장 의미 있는 상징적 물건이다.[116]

아버님께서 나라와 민족의 운명을 수령님에게 맡기면서 남긴 것은 고
귀한 정신적 유산과 함께 돈도 재산도 아닌 단 하나의 물질적 유산,

---

113 권헌익, 정병호, 『극장국가 북한: 카리스마 권력은 어떻게 세습되는가』, 121~
    123.

114 김광수, 리정호, 「제14과 아버님으로부터 받으신 권총」, 『위대한 령도자 김정일
    원수님 어린 시절: 소학교 3』 (평양: 교육도서출판사, 2005), 27~29.

115 박경애, 『반석으로 빛내이신 한 생』 (평양: 조선로동당출판사, 2012), 191.

116 권헌익, 정병호, 『극장국가 북한: 카리스마 권력은 어떻게 세습되는가』 , 121.

총이었다.[117]

    총대 서사에 의하면, 당시 만주에서 항일 투쟁을 하던 김일성과 동지들은 일본 경찰과 중국 토벌군에게 체포당할 위기에 처해 있었다. 그들은 무기가 필요했고, 김일성은 어머니에게 이 상황을 알렸다. 강반석은 조국의 해방과 아들 동지들의 혁명을 위해 무기를 함지박에 숨겨 목숨을 걸고 배달했다.[118] 어머니 강반석이 가져온 총은 국가를 구하는 데 커다란 역할을 했다. 이처럼 총대 서사에는 어머니의 혁명적 투지가 조국 해방에 끼친 영향이라는 역사적 의미가 깃들어 있다.

    김정일의 선군정치에서 본격적으로 활용되는 총대 서사는 김정일이 김일성에게 물려받은 총 선물에 관한 이야기다. 이 이야기는 북한의 소학교 교과서에 소개되어 있다. 1952년 김정일은 김일성이 주둔하고 있던 방어선 지휘 현장에 가서 두 달 동안 머물렀는데, 그때 김일성에게서 권총 두 자루를 선물 받았다. 그 권총은 김일성이 아버지, 즉 김정일의 할아버지에게 받은 것이었다. 김일성이 김형직에게서 물려받은 권총 두 자루는 김일성 집안이 조선의 최초 총대 가정임을 신화화하고, 김정일이 김일성에게서 물려받은 권총 두 자루는 김정일의 세습을 정당화한다.

---

117   최철웅, 『총대철학』, 19.

118   박경애, 『반석으로 빛내이신 한생』, 195.

총대 서사와 젠더 이데올로기

총대 서사는 북한 역사의 핵심인 혁명사를 김일성 가문에 의한 구국의 서사로 재현하며 인민 대중을 대상으로 하는 다양한 전달 방식을 통해 강력한 신화를 만든다. 사회주의 국가 북한의 사회문화에서는 신앙이나 미신, '신화'[119]에 대한 담론이 억압되는 대신, 절대적 존재자의 자리를 김일성으로 가득 채운다. 그 절대자를 있게 한 표상이 바로 총대다.

바르트Roland Barthes는 신화의 특성으로 자연스러움을 꼽는다. 또한 "우파에서 신화는 본질적"[120]인데, 이는 신화가 권력 집단이 만든 사회적 결과물이라는 의미다. 신화는 보통 "그 메시지를 말하는 방식에 의해 규정"된다. 신화라는 용어 자체가 일정한 스타일을 지닌 서사 담론과 그 특정한 사례들을 가리키기 때문이다.[121] 이때 신화는 새로운 의미를 생성함과 동시에 무엇인가를 은폐하고 특정한 메시지를 일반적인 통념으로 환원시키는 작용을 한다.

---

119 신화의 형태와 개념은 역사적 발생 동기를 수반하고 있지만 신화가 작동하는 주요 방식은 역사적 동기를 은폐하고 일반적인 상식으로 통용하게 하는 데 있다. 박정순, 『대중매체의 기호학』(서울: 커뮤니케이션북스, 2009), 193.

120 위의 책, 324.

121 Bruce Lincoln, 『신화 이론화하기: 서사, 이데올로기, 학문』, 김윤성 외 옮김 (서울: 이학사, 2009), 7~8.

총대 서사를 신화 체계에 견주어 살펴보면, 김일성 가문의 총대 관련 이야기는 특정한 주제와 목적 아래 특정 집단이 신화의 형식으로 그 이야기의 메시지를 전달하고 있음을 파악할 수 있다. 이 신화는 인민들이 이해하고 내면화해야 하는 권위 있는 이야기이자 그런 장르의 서사로 작동한다. 즉 신화의 특성 그대로, 총대를 말하는 방식에 의해 서사 체계를 갖추고 사회적 신화로 작동하는 것이다. 이 신화는 대중에게 와 닿는 정서를 근간으로 하며 대중의 정체성과 연관되는 소재를 통해 더욱 자연스러운 이야기로 구속력을 갖는다.

총대 서사는 공연과 같은 문화 활동을 통해 끊임없이 교육되고 재생산된다. 학교 교육과 대중문화를 통해 확대되는 서사는 인민의 마음 속에 두터운 신념 체계를 형성한다. 한편, 역사적 사실에 대한 물적 근거로서의 총은 이 신화의 구조를 완전무결하게 만든다. 김일성이 어머니의 조력을 통해 간접적으로 물려받은 아버지의 총이 김일성의 임무, 즉 건국의 과업을 드러내는 것이라면, 김정일이 아버지에게 직접 받은 총은 그의 임무가 국가 수호임을 강조하는 것이다. 여기서 김정일이 김정숙의 조력 없이 직접 총을 받았다는 점은 권력 승계가 남성 중심으로 이루어진다는 것을 은연중 정당화한다. 이러한 메시지는 김일성 가문의 지배 이데올로기를 강화하고 인민들의 기억을 날조한다.

북한 권력은 김정숙을 항일 무장 투쟁사에서 김일성을 위해 몸을 던

지며 총을 쏘아 결사옹위의 정신을 보인 혁명적 여성으로 추앙한다.[122] 그러나 다른 한편 김정숙은 남편에게 순종하며 희생하는 여성의 표상으로 그려지는데, 이는 북한 사회의 전형적인 위계적 여성 담론을 강화하는 데 기여한다. 다시 말해 여성에게 혁명적 투쟁과 모성애를 실천하는 이중적 정체성을 부여하는 것이다. 또한 투쟁의 과정에서 여성은 언제나 남성을 보위하는 자리에 배치된다. 이러한 여성 담론은 가부장 사회를 승인하며 여성들을 북한 권력의 핵심에서 자연스럽게 배제시킨다.

주체 28년(1939년) 가을 김정숙 동지께서는 위대한 수령님으로부터 가을, 겨울철에 벌일 부대의 새로운 작전을 위하여 600벌의 겨울 군복을 한 달 안으로 만들 가업을 받으셨다. 재봉대원은 몇 명밖에 되지 않았고 손재봉기와 재봉기 바늘도 하나뿐이었다. … 녀사께서는 몸소 재봉기를 맡으시였고 품이 많이 들고 어려운 일을 도맡아 제끼면서

---

122 주체 29년(1940년) 6월 안도현의 갈밭 속에 숨어 있던 적들로부터 김일성에게 총구가 향하자 김정숙이 '사령관 동지!'라고 다급히 외치며 몸을 솟구쳐 온몸으로 김일성을 막아섰고 동시에 방아쇠를 당겨 적들을 전멸시켰다. 김일성은 그때 일을 회고하며 다음과 같이 교시하였다. "그날 김정숙이 아니였더라면 큰일이 일어날 뻔했습니다. 그는 몸으로 나를 막아서며 달려드는 적들을 모조리 쏴갈기였습니다. 그래서 내가 기적적으로 살아났습니다." 강홍수 외,『항일의 녀성영웅 김정숙어머님 혁명력사: 중학교 4』(평양: 교육도서출판사, 2003), 72.

끝내 혁명 임무를 수행하시였다.[123]

이는 김정숙을 국가를 위해 몸을 아끼지 않는 용감한 여성이자 수령을 보좌하고 돌봄을 실천하는 여성으로 유형화한 것이다. 이러한 유형화는 결과적으로 가부장 질서가 국가의 존립에 필요하다는 점을 강조한다. 총대 여성상은 여성들에게 항일 투쟁 시대의 김정숙과 같은 희생 정신을 요구한다.

총대 서사로 구성된 북한의 건국 신화는 인민들의 경험 속에서 기억되고 체현된다. 역사적 사실을 기반으로 한 이 신화는 사람들의 기억과 정서에서 분리되지 않는 이데올로기가 된다. 총대 서사는 텍스트로서의 건국 서사에 머물지 않고 교육과 선전에 활용되는 동시에 문화 체계와 규범으로 재생산되어 일상을 지배하는 실용적 통치 도구로 작동한다.

---

123 조선화보사, 『조선의 어머니 김정숙 동지』 (평양: 조선화보사, 1997), 86.

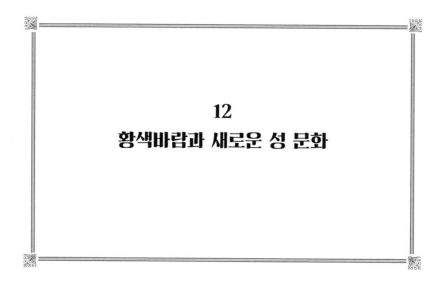

12
황색바람과 새로운 성 문화

경계 넘기

고난의 행군 이후 월경과 밀수가 성행했다. 특히 1990년대 중반부터 혜산과 같은 중국 접경 지역에서 밀수에 종사하는 사람들이 크게 증가하면서 '황색바람'이라 불리는 자본주의의 영향이 나타나기 시작했다. 거래되는 밀수품은 공산품, 의류, 약품, 먹거리 등 품목을 가리지 않고 다양했으며, 이러한 품목 중에는 해외에서 제작된 비디오나 CD, USB 형태의 음란물도 있었다.

우리 혜산시는 좀 깨었거든요. CD라는 게 처음 나오기도 했고 고등학교 때 대부분 연애를 하거든요. 다른 데는 그렇게 못하는데 우리 때는 (그랬어요.) … 그때 김정일 방침이 내려와가지고 청소년들 교양 잘 해야 된다고 … 너무 깨어가지고 ….   _사례 L

연구 참여자들은 1996년 이후 외부로부터 들어온 성 관련 동영상이 남녀 간의 성행위를 비롯한 일상의 성 문화에 영향을 주었다고 말한다. 자본주의 사회에서 유입된 영상물을 시청하지 못하도록 하는 규찰대[124]가 있었지만, 북한 주민들은 감시를 피하며 영상물을 시청했다. 많은 가정에서 영상물을 몰래 보았고 친한 이웃들끼리 서로 바꾸어가며 시청하기도 했다. 영상물은 초기에는 CD 형태로 유통되다가 점차 USB 형태로 변화하였다. 영상물 시청은 불법이었지만 북중 접경 지역에는 밀수하는 사람이 많았기 때문에 지역민들은 일상에서 영상물을 접할 수 있었다. 더 나아가 친한 사람들끼리 모이는 술자리에서 자본주의 동영상 시청 소감을 이야기하기도 했다. 사람들은 음란물에 대해 이야기하기를 꺼리지 않았다. 여성들 역시 마찬가지였다.

그거 보면 기분이 좋죠. 똑같이 하고 싶고, 그렇게 (따라)했어요. … 북한에서는 한 가지 동작밖에 모르잖아요. 그걸(음란물) 보니까 미국

---

124 인민들의 일상을 감시하는 규찰대로 백공구단으로 불리는 109단이 있다. 이들은 특히 자본주의 동영상과 같은 황색바람의 동영상 시청을 금지하기 위한 탐색 활동을 하고 있다.

거 일본 거 재미나죠. … 프로레슬링 나오지 않아요? 몸이 좋은 사람
들이 있으면 저런 사람들과 한번 해봤으면, 힘이 좋겠는데 하고 ….

_사례 J

북중 접경 지역에서 나타난 성 문화의 변화가 자본주의 사회에서 만
든 음란물을 유입해 시청한 결과라고 단언하기는 어렵다. 그러나 행위
자 네트워크actor-network 이론이 묘사하는 세상과 같이 경계를 가로지
르는 존재들에 의해 사회문화가 얽히고 재구성된다는 관점[125]에서 바
라보면 좀 더 확장된 해석이 가능하다. 북한에서 고난의 행군 이후 국
경을 넘나들며 새로운 삶의 방식을 열어나간 접경 지역의 행위자들은
경제 체제의 시장화와 사회문화적 변화를 이끄는 요소로 작동했다고
볼 수 있을 것이다. 이들은 영상물을 전파했을 뿐 아니라 서로 그 내용
을 공유하며 일종의 담론을 형성했다. 이러한 과정에서 새로운 성 문
화가 생성된 것이다. 이는 매우 의미 있는 변화로, 공간적 경계가 확장
되면서 사람들의 심리적 경계도 확장된 것으로 볼 수 있다.

성 문화가 변화하는 가운데 결혼 규범과 관련해서도 경계를 넘는 현
상이 나타났다. 이전에는 주로 남성이 적극적으로 배우자를 선정하고
구혼하는 편이었지만, 고난의 행군을 지나면서 여성들도 자신의 배우

---

125 John Law, 『인간·사물·동맹: 행위자네트워크 이론과 테크노사이언스』, 홍성욱
     옮김 (서울: 이음, 2010), 20.

자를 선택하고 부모와 의견이 다를 때도 굽히지 않는 새로운 문화가 등장한 것이다. 사례 L의 경우 성분과 지위가 볼품없었지만 똑똑했던 남자친구를 좋아했다. 그런데 딸이 경제적으로 어렵게 살 것을 우려한 부모가 그녀를 강제로 다른 남성과 결혼시켰다. 남편은 10년 동안 군복무를 하다 갓 제대한 사람이었는데, 그런 탓인지 사회변화를 인식하지 못하고 고지식했다. 사례 L은 밀수를 통해 경제적 능력을 쌓아갔던 반면, 남편은 뇌물로 보위부 지위를 얻으려던 계획이 틀어진 후 계속 무능하게 살아갔다. 아이를 낳았으나 서로 간 갈등이 심해졌고 관계는 더욱 악화되었다. 결국 그녀는 남편을 버리고 똑똑한 애인과 함께 장사를 했고, 급기야 아이를 데리고 셋이 한국행을 결심했다.

> 이 남자를 제가 더 많이 좋아했어요. 저보다 일단 똑똑한 거예요. … 내가 (시집)가고도 걔(남자친구)가 우리 부모들한테 발길 끊지 않고 다녔거든요. 손재간이 좋아가지고 우리 부모들이 조금이라도 어렵고 할 때 계속해서 도와주었거든요.
> _사례 L

사례 Z의 애인은 가족이 모두 개신교 신자여서 지속적으로 감시를 당하고 있었다. 김정일 시기에 그 가족과 함께 종교 모임을 한 사람들이 발각돼 서른 명 정도가 처형당했으나, 애인의 집안은 강반석 직계였기 때문에 죽음을 면할 수 있었다. 그 대신 전향 각서를 쓰고 풀려났으나 여전히 가족끼리 비밀리에 아침 예배를 지속했다. 사례 Z는 부모에게 저항하며 애인과 교제를 계속하다 결국 함께 살게 되었다. 그리고 아이가 태어나자 그 아이가 부모의 종교 성분 때문에 혹여 사회적 불이익을 받을까봐 한국행을 감행했다.

간부라 해도 눈도 안 돌아가는 사람(꽉 막힌 고지식한 사람)을 데리고 살아야 되나 그게 싫었거든요. 남자라면 남자다운 데가 있어서 호흡도 맞고 배울 수 있는 사람을 택해야지요. 나는 종교가 없는데 남자뿐 아니라 시댁 식구들이 좋았어요. 결혼하고 보니 시댁에서는 남들 눈을 피해 가족들이 모두 모여 성경책 없이 예배를 드렸어요. _사례 Z

이처럼 고난의 행군 이후 북한 사회의 전통적 규범에 균열이 일어났다. 여성들은 이제 현실을 극복하며 자신의 욕망을 앞세우는 새로운 정체성을 담지하기 시작했다. 이에 따라 제아무리 당 간부라도 능력이 없는 남자는 더 이상 신랑감으로 선호되지 않았다. 여성들은 공간이라는 물리적 경계를 넘나들 뿐 아니라 심리적 경계도 넘나들며 경험과 장소를 넓혀 갔다.

장마당 생활

여성들의 삶은 생애주기에 따라 다른 성적 경험을 하게 된다. 임신과 출산이라는 특별한 경험은 감동을 주기도 하지만 여성들에게 아이를 양육해야 하는 의무를 부과한다. 특히 가부장 문화에서 살아가면서 경제 생활을 책임지며 남편을 보필하고 자녀를 돌보며 집안일을 해야 하는 북한 여성들의 경우 벅찬 수준의 돌봄 노동을 떠안게 되는데, 그 과정에서 이들은 자신의 정체성과 마음을 재구성하는 경험을 한다.

고난의 행군 이후 장마당이 활성화되면서 북한 여성들은 돈을 벌기 위해 이른 아침부터 밤늦도록 장사에 매진했다. 남성들은 여성들의 경제 활동이 창출하는 이익의 수혜자가 되었으나 집안일을 분담하려 하지 않았다. 아내들과 달리 안정적인 직장에 다니며 시간적 여유가 있는 남편들은 '주패'(도박)를 하거나 부화를 하기도 했다. 남편의 부화를 알게 된 아내들은 다른 남성과 가깝게 지내기도 했는데, 그런 여성들은 장사나 경제 활동에 도움이 되는 남성과 주고받기식의 목적이 뚜렷한 애인 관계를 맺기도 했다.

사례 J는 장사를 위해 일 년에 한 번씩 중국에 다녀왔다. 도 보위부가 중국으로 가는 통행증을 발급해주었는데, 그녀는 통행증을 쉽게 얻기 위해 보위부 관계자와 애인이 되었다. 그 남성 역시 자신의 요구가 분명했는데, 기본적으로 요구하는 것은 사적인 친밀성이었다.

내 목적을 위해 거래를 했고 그 사람이 요구를 들어줄 때는 남편 몰래 … 요구라 하면 어떤 필요한 물건이나 이런 걸 가져다준단 말이에요. 중국 가는 통행증 때문이지. 쉽게 말해서 애인 관계를 목적으로 해요.   _사례 J

연구 참여자들에게서 포착되는 마음 중 하나는 성적 주체로서의 성애의 욕망이었다. 그녀들의 욕망하는 '마음'은 결혼 생활과 경제 생활의 어려움에서 오는 갈등에서 시작했고, 새로운 대안을 찾고자 했다. 이러한 변화는 발생하는 여건과 상황에 따라 생성되는 욕망들, 즉 욕망하는 주체의 모습을 보인다. 여성들의 성적 욕망이 드러나는 것은 사회적 변화에서 성적 실천의 수행에 따른 결과로 볼 수 있다. 여성들의 사경제 활동이 현실화되면서 물적 욕망을 앞세운 성적 경험이 발생하기도 했다. 사적 이익을 위해 경제 활동을 할 때 뒤를 돌봐줄 의례적 관계들이 일상적으로 연결되는데, 이는 북한 사회가 경험하지 않았던 새로운 현상이었다. 이는 변화하는 세상에서 몸을 자본화하여 살아남기 위한 하나의 생존 방식이었다. 그러나 이러한 변화에도 불구하고 가부장 질서를 전복시키려 하거나 성적 자율성을 내세운 성적 주체로서의 의식은 나타나지 않았다.

여성들의 일탈 문화

고난의 행군 이후 북한 사람들은 정치, 경제, 사회적 변화뿐 아니라 일상에 파고드는 자본주의 문화라는 커다란 변화를 경험했다. 예를 들어 자본을 앞세운 사경제 활동에서 돈주라는 집단이 나타나기 시작했는데, 돈주의 존재는 경제 영역뿐 아니라 장마당과 같은 일상의 영역에서도 새로운 문화를 형성했다. 특히 교양 있고 점잖은 매너를 지닌 돈주는 여성들에게 큰 인기를 얻었다. 생일파티에 초대된 돈주는 그 파티의 금액을 절반 정도 지원했고, 그런 돈주를 따르는 팬들이 많아지면서 일종의 팬덤 현상이 나타나기도 했다. 연예인과도 같은 '돈주 오빠'는 여성들이 모인 생일파티에 남성 한 명을 데려오거나 다른 남성이 파티에 초대되도록 했다. 이러한 경우 초대받는 남성의 조건은 뛰어난 장기가 있거나 예술적 능력이 있어 생일파티 내내 사람들을 즐겁게 할 수 있는 사람이어야 했다. 돈주는 도덕적인 사람으로 평가되기도 했다. 장마당의 상인들끼리 호혜적인 관계를 쌓아가는 가운데 평판이 좋은 남성 돈주가 여성의 생일파티 비용 일부를 부담하면서 상인들의 연결망을 돈독히 하는 역할을 했던 것이다.

우리는 정말 재밌게 놀았어요. 오늘이 내 생일이라면 고 그룹만 돌아가며 노는데 거기에 돈주가 있어요. 그 파티에 50%를 낼 수 있어요. 대단히 도덕적이고 정말 괜찮은 오빠죠. 거의 연예인이에요.

_사례 C

한편 마약, 빙두[126]와 같은 향정신성 물질이 외화벌이에서 효자 노릇을 했는데, 얼마 지나지 않아 북한 사회 내부에도 급속히 확산되었다. 사례 C의 남편은 다니던 직장에서 해임된 후 7년 동안 아편 중독자로 살았다. 남편 집안에 빙두 사업으로 외화벌이 영웅이 된 친척이 있어 남편이 감기만 걸려도 아편을 얻을 수 있었기에 처음에는 쉽사리 구했다. 당시 마약은 돈 있는 사람들에게 공공연하게 애용되었다. 마약류는 무엇보다 무료한 성생활을 전환시켜주는 정력제로 인식되었다. 그러나 그 친척이 당국에 잡혀 마약을 구하기 어려워지자 남편의 삶은 피폐해졌고 목숨까지 위태로워졌다. 남편은 다행히 마약을 끊었는데, 재활 기간 동안 사례 C는 일상에서 남편과 정서적인 교감을 나누거나 성관계를 가질 수 없었다. 성적 교환은 장마당에서 만난 다른 남성과 하기도 했다.

> 빙두 1그램이 염소 한 마리 가격이거든요. (빙두를) 유로식사[127]라고 해요. 돈 있는 사람들만 사 먹는 식사라고 … 보위사령부의 빙두는 중국 패초[128]를 써서 그게 그렇게 좋대요. 몸에도 좋고 피 순환이 잘 되고 확장을 시켜주니까 남자들이 (성관계를) 5분 했다면 이젠 한두

---

126 '얼음', '빙두' 등은 북한에서 필로폰과 같은 마약을 가리키는 은어다.

127 달러화보다 가치가 높은 유로화를 의미한다.

128 골패초(骨牌草, 일엽초)는 한방 재료로 고란초과의 여러해살이 풀이다.

시간 한다고…. _사례 C

　육아와 집안일을 도맡아 하는 동시에 장마당과 일터에서의 노동에 시달려야 하는 여성들은 남편과의 결혼 생활, 일방적으로 대상화되는 성생활에 염증을 느꼈다. 그러나 북한 사회의 여성들에게 그러한 불평등한 결혼 생활을 승인하고 감내하는 것은 부부 간의 일상적 규범이었다. 큰 도시의 경우 남편들은 아내가 장마당을 마치는 시간에 마중나가 물건을 챙기고 싣고 오는 일을 돕기도 했다. 그러나 작은 마을에 살았던 사례 Z의 남편은 그 일을 창피하게 여겼다. 그녀와 비슷한 처지의 여성들은 그러한 남편들을 이기적이며 제 앞길도 해결하지 못하는 고지식한 사람으로 인식하고 '만 달러짜리 열쇠', '멍멍이', '낮전등'이라는 말로 비하하기도 했다.

　장마당 나가서 벌고, 가족을 위해 살다시피 했는데 내가 분명 정당한 것 같은데 … 무능한 남편이 왜 큰소리치는가! 그건 사회가 빚어낸 악이고 큰소리치는 건 선조들로부터 물려받은 풍습이랄까 ….
_사례 Z

　이 세상에 남자 똑똑한 거 봤는가요? 늙은이들과 남자가 같아요. 만 달러짜리 열쇠, 집을 봐주니까요.
_사례 C

세 번째, 고난의 행군과 섹슈얼리티

고난의 행군 이후 나타난 또 한 가지 변화는 여성들끼리 모여 술자리를 갖는 문화가 점점 확산되었다는 것이다. 이는 여성이 가족들의 생존을 책임지는 경제 활동 과정에서 척박한 세상을 살아낸 성적 주체로서 남성 중심의 성 질서에 도전하기 시작했다는 맥락과 연결된다. 사례 M의 진술에 의하면 동네 여성들이 술을 먹고 성적 일탈을 즐기다 사회적 물의를 일으킨 사건이 있었다. 여성들이 술을 마시다 옷을 벗고 춤을 추면서 자신들의 음부 털에 리본을 꽂고 즐겼다. 그런데 이웃들이 그 여성들을 당국에 신고했다. 그녀들은 잡혀가 공개재판을 받았고 형을 선고받았다. 이 사건은 사회적으로 이슈가 되었는데, 이러한 일탈 사건을 통해 남성 중심의 가부장 질서에서 대상화되던 여성들이 자신들의 성을 스스로 놀이로 즐기고 있었음을 알 수 있다.

머리에 매는 것을 안까이(아낙네)들이 아래(음부의 털) 달고 놀았대요. 놀면서리 그렇게 하다 잡혀간 건데, 보안소 단련대에 6개월 들어갔대요.

_사례 M

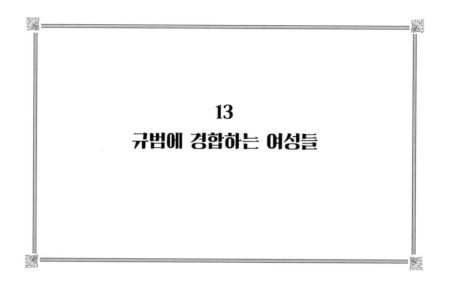

13
규범에 경합하는 여성들

성매매 여성의 등장

고난의 행군을 지나며 식량난으로 부족한 식량과 생필품을 노리는 절도 범죄가 성행하는 한편, 여성들을 대상으로 하는 성범죄가 급증하였다. 역 주변과 장마당 부근의 성매매뿐 아니라 강간 등의 성폭력 사건도 사회적 이슈가 되었다. 사회주의 국가에서 성매매의 확산과 인신매매는 성 규범을 무너트리는 일로, 북한은 성범죄가 없는 청정한 나라라는 국가적 지향은 더 이상 통용될 수 없었다. 인민들은 삶의 조건에 따라 규범과 도덕을 지키는 것보다 생존과 욕망을 해결하는 일이 우선임을 깨달았다. 1990년대 후반 북한에서 성매매는 사람이 많이 모이는 역이나 시장 주변에서 확산되었다. 자신의 성을 팔기 위해 나선 여성들은 거의 모두 생계를 유지하기 위한 방편으로 거리에 나온 이들이었다. 도시의 역 주변에 '꽃 사시오'라 불리는 가난한 여성들이 자신의 성과 먹거리를 교환하며 생계를 꾸려갔다. 사회주의에 어긋나는 경제 활동에 가담하는 적극적인 행위자들이 생겨나던 시기에 그들과 연대하거나 도둑질조차 할 수 없는 취약 계층의 여성들은 자신의 몸을 거래하였던 것이다.[129]

사례 H는 당 일꾼으로 고난의 행군이 진행될 때 중앙당에서 함흥과 김책에 들러 간부 5과, 즉 김정일 측근에서 일할 여성의 신원을 파악하라는 연락을 받았다. 그는 그곳의 역 주변에서 자신을 포함하여 지나가는 남성들에게 호객 행위를 하는 성매매 여성들을 보고 충격을 받았다. 그는 공산주의 체제와 도덕에 자부심을 크게 느끼던 사람이었다. 그러나 이러한 사회적 일탈을 목격하면서 사회주의 생활이 망하고 공산주의 도덕도 일그러졌다고 느꼈다.

공산주의 도덕도 굶주림 앞에서 기다리거나 헤아릴 수 없었어요. 법과 도덕 모두 사라졌어요. 북한에도 강간 사건, 성범죄라 하는데 특히 고난의 행군기에는 성행했어요. 먹을 것도 없는데 어떻게 그런 일이

---

129 경제적으로 어려운 시기에 여성의 몸이 거래되는 것은 북한 사회만의 특수성은 아니다. 경제적 자본이 없는 여성들이 생존을 위해 성을 파는 행위는 전 세계에서 진행되어온 오래된 거래 방식이었다.

생기는지, 눈이 밝아지는지 ….   _사례 H

인신매매도 많아졌어요. 최악의 상황이니까 … 여자들이 몸 파는 게
몸이 뭐가 중요했겠어요.   _사례 S

한편으로는 입을 줄이기 위해 중국으로 여자 아이를 파는 현상도 발
생했다. '1가정 1자녀' 인구 억제 정책 때문에 1990년대부터 성별 불
균형 현상이 심화된 중국으로 북한의 여성들이 팔리는 현상이 나타난
것이다. 중국 동북 지역 2,479개 마을 거주 북한 식량난민 실태조사 결
과에 의하면 난민 중 여성의 비율이 75.5%다. 중국에서는 폭력을 동원
한 납치 인신매매가, 북한 내에서는 중국의 범죄 집단과 연결된 조직
적 매매단을 통한 인신매매가 이루어지고 있었다.[130]

시장화 이후의 변화로 전통적인 성 규범에 균열이 생겼는데, 그 대
표적인 현상이 성매매 여성에 대한 인식이 달라진 것이다. 사회주의
국가에서 성매매 여성들이 등장했다는 것은 북한 사회의 치부였지만
고난의 행군 시기 기아를 경험하면서 그 행위가 생존을 위한 마지막
방법이라는 것을 모두가 암묵적으로 알고 있었기 때문이다. 북한 사회
에 퍼진 성매매 현상은 극한의 삶의 조건에서 성이 생존을 가능하게

---

130   임순희, 「식량난이 북한여성에게 미친 영향」, 북한연구학회 편, 『북한의 여성과
       가족』, 336.

하는 교환의 기제가 되었음을 의미한다.

옛날에는 누가 몸을 판다거나 이러면 정말 때려잡아 죽일 듯 이랬는데 이제는 그게 없어졌어요. 살아나가기 위한 방식을 제 몸에서 찾았으니까. 어느 날부터 서서히 인식을 바꾼 거예요. ⋯ 북한 사회에서 성에 대해 알게 되고 눈을 뜨게 되면서 그걸 더 갈망하게 된 것 같아요.

_사례 J

이 시기는 기존 체제의 균열과 함께 인민들의 사적 욕망이 분출하기 시작한 시기로, 이때부터 사회주의적이지 않은 방식으로 생존을 도모하고 '자기계발'[131]의 행태를 보이는 파편화된 주체들이 나타났다고 할 수 있다.

---

131 북한 사람들의 자신을 뛰어넘으려는 행위는 자기계발의 모습과 비슷하지만, 이는 주체의 권력화가 아닌 생존을 위한 방식으로 일반적인 자기계발 담론과는 차이를 보인다. 일반적인 자기계발이란 신자유주의가 개인들의 삶 전체를 운용하는 테크닉과 담론을 제공하는 주체적 방식이다. 서동진의 '자기계발하는 주체'가 권력의 주체화 양식을 정의한 개념적 표현이라면, '자기계발의 행태를 보이는 파편화된 주체들'이란 절박한 생존의 요구에서든 사회적 지위 향상이나 출세를 위해서든, 자기계발에 전념하는 북한 인민들의 행태를 포착하기 위한 묘사적 표현이다. 서동진, 『자유의 의지, 자기계발의 의지: 신자유주의 한국 사회에서 자기계발하는 주체의 탄생』(서울: 돌베개, 2009), 30~31.

'몸'의 자본화

몸은 특정 이데올로기와 의식이 뿌리내리는 장소이자 신체 구금 등의 사회적 제재가 가해지는 공간이다. 몸에 대한 규율은 대중을 사회에 적응하고 순응하게 한다. 몸은 권력의 통치가 시작되는 곳이며 끝나는 지점이기도 하다.

북한 사회주의 체제에서 인민의 몸은 탈성화되었다. 국가 권력은 낭만적 사랑을 혁명적 동지애로 전복시켰고, 가정을 사회주의 국가의 세포 조직으로, 개인을 하나의 세포로 규정했다. 그뿐 아니라 집단주의를 앞세워 개인을 억눌렀고, 끊임없이 '개조된 인간'이 될 것을 강요했다. 국가로 수렴되는 집단주의에 최고의 가치를 부여하는 전체주의 사회에서 '개인' 혹은 '자아'는 큰 의미가 없는 개념이었다.

그러나 고난의 행군을 거치며 북한 사회에도 생존을 위해 분투하는 '개인'이 등장했다. 이 시기 동안 인민들은 국가의 개입 없이 자신과 가족을 중심으로 '몸'을 움직여 살아가는 방법을 터득하기 시작했다. 인민들의 생존 전략은 국가가 탄압하고 죄악시하던 자본주의 방식으로만 가능했다. 모든 사람이 국가의 허락 없이 사경제 활동에 참여했고, 밭을 경작했으며 가축을 길렀다. 국가 건설의 동원 대상으로 호명되던 인민들의 몸은 국가의 도움 없이 고난의 행군을 이겨낼 수 있는 도구며 최후의 수단이었다. 가난한 여성들은 적극적으로 자신의 몸을 상품화하여 삶의 밑천으로 삼았다.

'외화벌이' 사업은 여성 스스로 자신의 몸을 자본화할 수 있는 기회 중 하나였다. 이 사업의 주체는 국가였다. 국가가 직접 사람들을 모집했는데, 여성의 경우 선발 자격을 미혼자로 제한하였다. 선발된 사람들은 외국어를 배울 수 있었고, 자기 임금의 절반을 국가에 반납했다. 특히 여성들은 화장품 등의 물품도 지급받았는데, 이러한 혜택과 돈을 잘 벌 수 있다는 인식이 퍼지면서 외화벌이 여성에 대한 선호도가 높아졌다. 사례 C는 식당에서 일하는 외화벌이 요원이었다.

> 경제적인 능력이 있다고 보기 때문에 아주 좋은 신붓감이었어요. 물품들이 지원되잖아요. 화장품, 옷가지를 집에 보내주니까요. 국가를 위해서 (일)하는 사람들은 결혼에 제한이 있어요. _사례 C

한편, 식량과 생필품을 사고파는 장마당이 전국으로 확산되면서 개인들은 이익을 극대화하는 방식을 차츰 터득했고, 그렇게 자신만의 자본을 쌓아갔다. 구매력이 생긴 개인들은 적극적으로 황색바람을 소비했다. 국가의 통제 속에서도 외국 드라마를 보고 유행하는 옷을 사 입는 등 자본주의 문화를 향유하기 시작했다.

사례 O의 진술에 의하면 북한에는 2000년대 들어 마사지 가게가 성행하였다. 주요 고객은 젊은층이었다. 마사지 가게는 주로 중국 자본을 통해 확대되었는데, 그곳은 마사지뿐 아니라 미용 성형 상품도 제공했다. 특히 '인묵'이라 불리는 눈썹 문신은 북한 사회 전역에서 선풍적으로 유행했다.

> 중국식, 일본식 피부 마사지 가게에서 성형도 같이 하고 있어요. 쌍커
> 풀 수술과 눈썹 인묵(문신)이 유행했는데, 인묵 또한 지역마다 다르게
> 하더라고요. 북쪽은 갈매기 모양을 선호하고 평양 여성들은 완만하
> 게 하여 평양 여성이 아무래도 세련되어 보이죠.   _사례 O

고난의 행군 이후 몸에 대한 인민들의 관심은 뜨거웠다. 건강한 몸
은 장시간의 육체적 어려움을 이겨내는 데 유리했고, 아름다운 얼굴과
몸은 경제 활동을 하는 데 유리했다. 이와 더불어 성분 계층과 입당에
대한 인식에도 변화가 일어났다. 인민들은 동원되는 몸에서 자본화된
몸과 성적 주체로 변화하였다.

사례 M은 군에서 대렬서기[132]를 하면서 일반 병영에 있는 여군들은
상상조차 할 수 없는 군복 수선으로 멋을 부렸다. 몸에 딱 맞게 줄인
군복은 키 크고 날씬한 그녀의 몸매를 한층 더 돋보이게 했다. 그녀는
한 달에 한 번 시내 사령부에 나갈 때는 물론이고 근무할 때마다 그 군
복을 입고 다녔다.

> 나는 군복 입었을 때가 제일 멋있었어요. … 나라에서 지급하지만 수

---

132 서류 작성 업무를 담당하는 직위(사례 M 인터뷰).

선집에 가서 몽땅 우라까이(수선)해요. 다른 방사포나 고사포 애들은 상상도 못 하지만 … .

_사례 M

사례 K의 남편은 고난의 행군기 동안 외화벌이용 어업에 종사하며 선상에서 감독으로 일했는데, 부정한 방법으로 순식간에 많은 재화를 축적하였다. 어느 날 남편의 직장 상사라며 집에 방문한 당 일꾼이 김일성의 초상화를 검열한다고 하면서 뒤에서 사례 K를 끌어안아 깜짝 놀란 사건이 있었다. 그녀가 이 사실을 남편에게 알리자 그는 오히려 외조를 하지 못하는 아내라며 그녀를 책망했다. 이처럼 남편이 아내의 몸을 이용하여 윗사람에게 잘 보이고자 한 사례는 국가적인 규범이 흔들리고 철저히 돈이 우선시되는 사회로 북한 사회가 변했음을 의미한다.

남편이 그래요. '상사에게 몸을 고여서라도 남편을 외조해야 마땅한 거 아니냐. 세상이 변했으니 나에게서 돈 타 쓰지 말고 남자들 꼬셔서 화장품이랑 옷을 사 입지 그러냐.'

_사례 K

자신의 출세를 위해 아내의 성 상납을 정당화하고 강요한 남편의 의식은 고난의 행군을 지난 후 북한 사회의 규범이 달라졌음을 단적으로 보여준다. 폐쇄적이던 북한 사회의 극적인 변화는 모두가 소유나 성장의 기대를 품게 했으며, 수단과 방법을 가리지 않고 그것을 추구해야 한다는 새로운 규범을 탄생시켰다. 몸, 특히 여성의 몸은 그 목표를 달성하는 데 가장 유효한 도구였다.

네 번째,

디아스포라와 섹슈얼리티

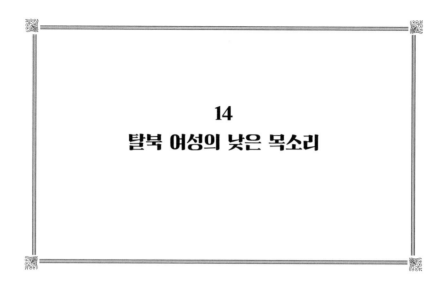

14
탈북 여성의 낮은 목소리

빈곤과 성매매

　2018년 통일부 통계에 따르면 북한이탈주민 3만 1,827명 중 여성은 2만 2,776명으로 전체 탈북인 인구의 72%를 차지한다. 특히 2018년 한 해 입국한 탈북 여성의 비율은 87%를 나타내고 있어 평년보다 더 큰 비중으로 탈북민의 여성화가 진행되고 있음을 알 수 있다. 2000년 대 이후 여성을 중심으로 탈북인이 증가하는 현상은 북한 내부의 불안 정성과 고난의 행군 이후 여성이 생존의 중심이 되는 가족문화, 그리

고 남한의 이데올로기적 대북 정책의 결과로 볼 수 있다.[133]

탈북 여성 중 일부는 성매매 업소에 종사하는 것으로 파악된다. 이들이 성매매를 직업으로 선택하게 되는 일반적 이유는 빈곤 때문이다. 성차별적 사회 구조 속에 있는 가난한 여성들에게는 선택의 여지가 그리 많지 않다.[134] 그러나 탈북인들의 경우 입국 초기에 주택과 정착금이 지원된다는 점을 감안하면, 탈북 여성들에게는 성 서비스를 삶의 방편으로 선택한 한국의 취약 계층 여성들에게서는 찾을 수 없는 또 다른 이유가 있을 것이다.

탈북 여성들의 성매매 현실에 관한 연구 결과에 따르면, 한국에 입국한 이들이 유흥업소와 성매매 시장에 유입되는 데 영향을 미치는 위험 요인은 네 가지다. 낮은 연령대, 부채, 북한과 중국 등 제3국에서의 성폭력 피해 경험, 그리고 이웃 관계가 그것인데,[135] 특히 제3국에서의 성폭력 경험은 성매매 시장에 유입되는 한국 여성들의 경험에서는 거의 발견되지 않는 것이다. 그 밖에 남성들의 성 구매 횟수가 늘어나고 있는 현상과, 성적 거래의 형태가 '성교 없는 성 상품' 혹은 유사 성매

---

133 1998년까지 탈북민 수는 총 947명, 그 중 여성의 수는 116명(12%)으로 2000년대 이전까지는 탈북 남성이 여성에 비해 높은 비율을 보였다.

134 김용화, 「성매매 여성의 탈성매매 지원 방안에 관한 연구」, 『성균관법학』(2010), 46.

135 김재엽, 김희진, 조영시, Gantuya B., 「탈북여성의 유흥업소 및 성매매 유입의 위험요인과 보호요인」, 『사회과학연구』 21(1) (2013), 76~113.

매 형태로 다양화되고 더욱 분화되고 있다[136]는 사회적 요인도 탈북 여성들의 성매매 시장 유입을 부추긴다고 추론할 수 있다.

전반적으로 탈북 여성들은 가족 관계가 안정적이지 않은 편이고, 사회경제적으로 취약한 위치에 놓여 있다. 한국 사회에 정착한 탈북인은 대부분 북한에 있는 가족에게 송금을 해야 하는 의무감을 느끼는데, 이는 전통적 가족 규범이 크게 작용하기 때문이다. 또한 탈북인들의 건강 상태를 보면 일반 사람들에 비해 질병률이 높게 나타나는데, 경제 활동을 하지 않는 탈북인의 44.8%가 질병 등 육체적 어려움을 겪고 있는 것으로 집계되었다. 대부분 북한에 살던 당시 영양 부족 상태에서 출산과 육아를 감내해야 했던 점, 탈북 과정에서 너무 힘든 상황에 노출되었던 점 등 때문에 질병에 걸린 것으로 보인다. 이러한 문제가 중첩적으로 작용한 결과 점점 더 많은 탈북 여성들이 성 서비스 시장에 진입하게 되었다.

한편 한국 정부는 1997년부터 북한이탈주민 지원 정책을 시행해왔다. 이 정책은 한국 정착에 필요한 정착금, 주택, 의료서비스, 일자리, 교육 등 복지 차원의 지원 및 지급을 통해 탈북인들이 안정적으로 정착할 수 있도록 지원한다. 그러나 20여 년 동안 지속된 지원 정책에도 불구하고 많은 이들이 경제적 어려움 속에서 살고 있다. 2016년 북한

---

136 변혜정, 「성적 거래의 변형과 확산의 정치학: '성교 없는 성상품' 업소(자유업)에서의 거래 경험을 중심으로」, 『한국여성학』 제25권 3호 (2009), 109~149.

이탈주민 정착 실태 조사에 의하면, 탈북인들의 월평균 임금은 162만 9,000원, 경제 활동 참여율은 57.9%, 고용률은 55%이다. 여기서 탈북 남성의 경제 활동 참여율과 고용률은 각각 70.9%, 67.8%인데 비해 탈북 여성은 각각 53.5%, 5.1%로 나타났다. 이 결과는 탈북 남성보다 탈북 여성의 경제적 현실이 더 어렵다는 사실을 보여준다.[137]

탈북 여성이 경제적으로 낙후한 상황에 처하게 되는 현실은 '이주의 여성화'라는 세계적 맥락에서 생각해볼 수 있다. 냉전 종식 이후 이주의 여성화는 세계화 시대의 징표가 되었다. 1990년대 전후로 현실 사회주의 국가들의 몰락 이후 서유럽으로 이주한 동유럽 여성들은 사회 주변부에 배치되어 노동 시장의 밑바닥에서 서유럽 노동자들이 꺼리는 일을 도맡아왔다.[138] 이주여성들이 주변화된 돌봄 노동과 성 서비스 영역에 배치되는 경향은 세계화에서 드러난 젠더 불평등 현상과 맥락을 같이 한다. 전 세계에서 유일하게 분단국가로 남은 한국에서도 탈북인의 여성주류화가 해가 갈수록 두드러지면서 탈북 여성들이 노동 시장에서 주변화되는 현상이 고착되고 있다. 탈북 여성 중 다수는 경계를 넘는 과정에서 인신매매나 성 서비스 관련 노동을 경험하는데, 그러한 아픈 경험이 한국의 삶에서도 이어지고 있는 실정이다. 2017년

---

137 장인숙 외, 『2016 북한이탈주민 정착실태조사』, 남북하나재단 편 (서울: 남북하나재단, 2017), 22~23.

138 유정희, 「세계화 시대 유럽의 이주여성」, 『여성과 역사』 9권 (2008), 195~196.

언론에서 보도된 농촌 티켓다방 사건 등이 그 대표적인 사례다.[139] 결국 돈을 더 벌 수 있다는 조건과 생존이 어려운 현실이 탈북 여성들을 비합법적 성 서비스 시장으로 내몰고 있는 것으로 볼 수 있다.

두 번의 경계 넘기

더 나은 삶을 살기 위해 사선을 넘어온 탈북 여성들이 북한에서 경험한 적도 없을뿐더러 가장 천한 노동으로 여겨지는 성 서비스 영역으로 진입한다는 것은 심리적 사선을 넘는 것을 의미한다. 연구 참여자들은 성 서비스 시장에 진입한 후로 '이러려고 내가 그 고생을 하면서 남한에 왔나' 하는 자괴감이 끊임없이 자신을 괴롭혔다고 입을 모았다. 한국에 오면 정착금으로 브로커 비용과 한국에서의 생활 그리고 북한 가족에게 돈을 보내는 일까지 다 해결할 수 있을 줄 알았다. 그러나 어느 것도 해결할 수 없는 경우가 다반사였다.

북한이탈주민 지원 재단에서 탈북 여성의 취업 역량을 키우기 위해 요양보호사 업무나 의류 수선 등 직업 훈련 사업을 실행하고 있지만, 취업이 되어도 탈북 여성의 근속 기간은 1년을 넘지 못하는 편이다. 직

---

139 "티켓다방으로 내몰린 탈북 여성, 경제력 어려움에 농한기 '성매매' 성행", 『인천일보』, 2017년 10월 30일; "'티켓 다방'의 탈북 여성들… 성매매까지", KBS 뉴스, 2015년 11월 28일.

업 훈련 종료 후 노동 시장에 들어가도 한국 사회의 노동 강도에 적응하지 못해 육체적으로 곤란한 상황에 직면하기 때문이다. 게다가 열심히 일해도 임금이 낮아 브로커 비용 채무 상환과 송금 등의 문제를 해결하기 어렵다.

지금부터는 성 서비스 영역에서 근무한 경험이 있는 탈북 여성을 대상으로 한 심층 면접 자료를 바탕으로 이와 관련된 현실을 짚어보려 한다.

표 6 심층 면접 참여자(4장 연구 참여)

참여자 코드	한국 입국 시기	연령	근무 업소	근무 기간	근무 지역
사례 H'	2015년	40대 후반	단란주점	2016~2017년	제주
사례 Y'	2008년	30대 초반	애인대행, 노래방도우미	2010~2013년	서울
사례 G'	2008년	50대 후반	티켓다방	2008년	경기
사례 I'	2015년	40대 초반	티켓다방	2015~2017년	경북/충북
사례 C'	2015년	40대 중반	티켓다방	2016년	전남
사례 K'	2012년	30대 후반	왁싱, 스포츠 마사지숍	2015~2017년	서울

사례 H'의 경우 하나원에서 통장을 받자마자 브로커에게 약속한 비용 250만 원을 이체했다. 다음날 자신을 데려다준 목사님을 통해 북한의 가족이 돈이 필요하다는 전갈을 받고 중국 계좌로 36만 원을 보냈더니 남은 돈은 총 14만 원뿐이었다. 하나원 퇴소 후 한강 근처 영구임대 아파트를 배정받았는데 관리사무소에 가서 입주비와 주방용품

네 번째, 디아스포라와 섹슈얼리티

몇 개를 사고 나니 당장 먹고살 돈이 없었다.

> 총 14만 원 가지고 와서 관리소에 입주할 때 내는 8만 원 내고 열쇠랑
> 칼, 도마, 소랭이(대야) 사니 돈 남은 게 하나도 없었어요. 경찰서에 가
> 서 신고(탈북인 거주 사실)하라는데 마을버스 탈 600원이 없어서 길도
> 모르면서 네 정류장 되는 경찰서를 물어보고 매일 걸어 다녔어요.
>
> _사례 H'

사례 G'의 경우도 정착금으로 브로커 비용을 완납했더니 최소한의
생활비가 없어 어려움에 직면했다. 사촌과 동기들에게 부탁해 일자리
를 얻었으나 식당 일이 너무 고되고 힘들어 오래 다닐 수 없었다. 그러
나 북한에 있는 가족에게 송금을 해야 했기 때문에 아픈 몸을 생각해
조금 더 쉽게 일할 수 있는 직장을 찾았다.

> 그래도 북한 가족에게는 돈을 보내야 해요. 난 맏딸인데 내가 나오느
> 라 여동생이 내 아들도 키웠고 지금은 아픈 엄마를 모시고 있거든요.
>
> _사례 G'

이처럼 탈북 여성들이 가난의 악순환에 빠질 수밖에 없는 구조의 출
발점은 브로커 비용 문제다. 탈북인들이 한국에 오기 위해 경계를 넘
는 과정에서 브로커는 꼭 필요한 존재다. 사례 H'는 북한에서 중국으

로, 중국에서 한국으로 넘어올 때 각각 다른 브로커를 만났다. 중국에서는 브로커에게 속아 인신매매를 당하기도 했다. 그녀는 도망쳐 중국의 한 식당에서 일하다 한국행을 도와준다는 소문을 듣고 한국인 선교사를 찾아갔다. 그 선교사는 그녀에게 브로커를 알선해주었고, 그 브로커를 만나기 위해 그녀는 중국과 베트남 국경 지역까지 홀로 이동해 두려운 경계를 넘어야 했다. 결국 그 브로커를 통해 한국에 발을 디딜 수 있었다.

사례 K'는 남한에 대한 막연한 기대감으로 2012년 조중 국경을 넘었다. 아들이 있었지만 자신이 먼저 정착한 후 데려올 생각으로 북한에 남겨두었다. 국경을 넘는 과정에서 그녀 역시 브로커에게 인신매매를 당했다. 연변 근처 농촌에 신부로 팔려 간 그녀는 그곳에서 3년을 지내며 딸을 낳았다. 그러나 중국 공안에게 발각된 후 서둘러 한국행을 감행했다. 처음에는 중국의 남편을 설득해 함께 가려 했지만, 남편이 반대하자 몰래 브로커를 소개받아 한국에 오게 되었다. 그 후 그녀는 북한에 있는 아들과 중국에 있는 딸도 한국으로 데려왔는데, 이 과정도 브로커에게 의지했다.

탈북 여성이 가난의 악순환에 빠지게 되는 두 번째 고리는 대북 송금 문제다. 앞서 설명했듯, 탈북인 대다수는 북한에 있는 가족들에게 돈을 보내야 하는 상황에 처해 있고, 특히 탈북 여성이 그 의무감을 더 크게 느끼는 편이다. 2016년 대북 송금 조사 결과에 의하면 전체 탈북인 중 58.5%가 북한의 가족에게 송금한 경험이 있었다. 평균 송금액은

100만 원에서 200만 원 사이가 가장 많았으며, 대부분 탈북인 자신의 임금으로 송금 비용을 충당하고 있었다.[140]

'업소'에서의 삶

사례 I'는 북한에서 알았던 언니가 몇 해 전부터 한국에 정착하여 일하는 경상북도의 시골 동네 티켓다방에서 일했다. 그 업소에는 그녀를 포함해 일곱 명 정도의 탈북 여성들이 일하고 있었다. 그곳에는 이미 탈북 여성들이 운영하는 티켓다방이 대여섯 개 만들어져 있었다. 그곳을 찾는 남성들은 주로 공사장 인부들이었다. 사례 I'는 그 업소에서 하루에 숙식비 3만 원씩을 내고 일했다. 성매매를 하지 않아도 밤에 노래방 도우미 일을 하면 시간당 3만 원을 벌 수 있었지만 단골 손님을 만들려면 성관계를 해야 했다. 특이한 점은, 업소에서 일하는 사람들이 대부분 탈북 여성이었기 때문에 다른 업소와 달리 남자 손님들을 놓고 서로 경쟁하는 일이 없었다는 점이다. 서로의 처지를 잘 알았기 때문에 손님을 나누어 돈을 골고루 벌 수 있게 했던 것이다. 그곳에서 일하는 탈북 여성의 연령은 다양했고, 50대 여성도 한 사람 있었다. 40대였

---

140 임순희, 윤인진, 양진아, 『2016 북한이탈주민 경제사회 통합실태』 (서울: 북한인권정보센터, 2017), 131~147.

던 사례 I'는 손님들에게 나이를 속였고 이름도 가명을 사용했다. 한국 남성들은 아가씨들의 이름과 나이와 고향을 묻고는 성씨의 본은 어딘지, 띠는 무엇인지 늘 물어보았기 때문에 그녀는 자신이 만든 자신이 누구인지 외워야 했다.

사례 Y'는 스무 살에 한국에 왔지만 한 해 먼저 온 엄마와 동생이 있었으므로 정착금 지원 대상이 아니었다. 그녀는 가족과 함께 살 수 있었지만 경제적 어려움이 컸다. 결국 가족은 북한에서 그러했듯 다시 뿔뿔이 흩어졌다. 대학생이었던 사례 Y'는 아르바이트를 하며 월세를 충당했지만 시간이 지나면서 월세를 내기가 힘들어졌고 급기야 먹을 것도 살 수 없게 되었다. 그러던 중 하나원 동기 언니에게 어려운 사정을 말하자 시간당 3만 원을 벌 수 있는 노래방 도우미 일을 소개받을 수 있었다.

> 북한에서 고생하고 또 한국에서도 배를 굶주려야 하는 게 기막혀 지금도 표현하기 어려워요. 아는 언니에게 (경제적 어려움을) 이야기했더니 '너 노래 잘 하니? 노래방에서 일하면 되겠다' (하더군요). _사례 Y'

처음에는 그냥 가서 노래를 부르고 술만 따르면 되는 줄 알았는데, 막상 가서 보니 노래방 손님들이 죽 늘어선 여성들을 선택해서 방으로 데려가는 식이었다. 선택되지 않으면 돈을 벌 수 없었던 것이다. 그녀는 새벽 세 시까지 선택받지 못해 당황했는데, 다행히 탈북인 언니가 손을 써 세 시간 비용을 챙길 수 있었다.

사례 C'는 중국에서 10년 동안 살며 모은 돈이 있었지만 한국에서 몇 달 살다 보니 금방 바닥이 났다. 한국에 오자마자 일주일 정도 식당에서 일했다가 몇 달간 다리 통증으로 고생해서 돈 벌기를 포기하다 보니 궁핍한 생활을 벗어나지 못했다. 자신의 사정을 알게 된 탈북인 언니가 완도에서 직접 경영하는 티켓다방의 주방 일을 하면 180만 원을 주겠노라 제안하여 그녀는 바로 완도로 내려갔다. 몸이 아파 식당과 같은 곳에서 돈을 벌기가 어려운 자신의 여건상 다른 선택의 여지가 없었기 때문이다. 탈북 여성들끼리 일한다는 것도 안심이 되었다. 그 다방에는 일고여덟 명의 젊고 예쁜 탈북 여성들이 있었는데, 계속 새로운 여성들이 들어왔다. 사례 C'의 일은 주방에서 커피와 차를 끓일 뿐 아니라 일하는 사람들의 식사를 준비하고 빨래와 청소를 하는 것이었다. 사장 언니는 탈북 여성들을 계속 불러모았다.

> 언니(티켓다방 사장)가 아가씨 모집을 부탁해서 내 하나원 동기들에게 전화했더니 신기하게도 애들이 다 내려왔어요. 그곳이 바닷가라 선원들이 많이 오고 아가씨들 벌이는 잘 되는 것 같은데 …. _사례 C'

그러나 약속과 달리 월급은 지급되지 않았다. 그녀는 티켓다방에서 일하면서 성병에 걸린 어리고 예쁜 탈북 여성들을 보며 '이러려고 목숨 걸고 여길 왔나' 하며 후회의 눈물을 흘리기도 했다.

사례 K'는 북한에서 부모를 모시는 남동생, 중국에 있는 아이, 해외에 있는 동생에게 돈을 보내야 절박함 때문에 윤락형 스포츠 마사지를 선택했다. 손님이 낸 돈을 주인과 자신이 반반씩 나누어 갖는 구조였는데, 그녀는 하루에 네 명 이상을 상대해야 했다. 그곳에서 1년 정도 일하던 중 함께 일했던 조선족 언니가 왁싱 가게를 차렸다고 함께 하자는 연락이 와서 업소를 바꾸게 되었다. 새로 시작한 일은 스포츠 마사지보다 훨씬 몸이 편하고 돈벌이는 비슷했다. 이곳의 주된 업은 브라질리언 왁싱이었지만, 남성 고객들은 추가 요금을 내고 성기 주변의 털 정리뿐 아니라 손과 입을 이용한 특별 서비스를 요청할 수 있었다. 그녀는 이런 방식의 돈벌이가 성매매보다 안전하다고 판단했다. 때로는 손님들에게 무시당하고 역겨운 경험을 해도, 멀리 있는 가족들에게 보낼 돈을 마련하기 위해서는 이 일에서 벗어날 수 없다고 생각했다. 처음 시작했을 때만 해도 장사 밑천을 마련해보겠다는 소망이 있었지만, 번번이 세 군데로 돈을 보내고 나면 남는 돈이 없었다.

성 서비스 영역에 참여한 탈북 여성들은 모두 북한에서 성을 매개로 한 직업을 경험한 적이 없었다. 정착금을 브로커에게 지급한 여성들은 생활이 너무도 어려웠고, 그러한 경제적 어려움을 하나원 동기들과 공유했으며, 그 결과 성 서비스 시장에 발을 들여놓게 되었다. 이들은 대부분 한국 입국 후 1년 안에 이 시장에 진입했다. 정착 기간 동안 어려움에 처했을 때 이들은 하나원 교육을 통해 제공받은 공적 정보나 탈북민 상담사 제도를 활용하지 않았다. 이들 중에는 자신이 사는 지역에 탈북인 자조 상담사들이 존재한다는 것을 아는 사람들도 있었지만, 상담사는 자신이 필요로 하는 직업을 구해줄 영향력이 없다고 여기거나 상담을 공연한 시간 낭비라고 여기는 경우가 대부분이었다. 그 대신 하나원 동기들이나 미리 정착한 지인들에게 부탁해 단기간에 해결하는 방식을 택했다. 탈북인끼리 문제를 해결하는 경향은 탈북과 한국 입국 등 절박한 상황에서 서로 정보를 공유하며 형성된 신뢰에 근거한다고 볼 수 있다. 성 서비스 시장에 진입하는 데는 이와 같은 하나원 동기 네트워크가 주요한 경로로 작동했다. 동기생 중 젊은 여성들에게 자신이 있는 업소에서 같이 일할 것을 제안했고, 나이든 여성들에게도 그 직종 내에서 할 수 있는 일을 제안했다. 이처럼 경제적으로 어려움에 처한 탈북 여성들은 유흥업소나 성 서비스 영역에 쉽게 진입할 수 있는 연결망을 가지고 있었다.

지역적으로 보면, 지방에서는 주로 지역 축제장이나 대규모 공사장, 항구, 농촌의 시장 부근에 있는 티켓다방, 노래방 등의 업소에서 일하는 경우가 많았다. 이러한 업소들은 사창가나 집창촌을 이루는 전형적인 성매매 업소와는 어느 정도 차이가 있었는데, 무엇보다 여성들을 관리하는 포주와 관련 패거리 집단이 없었다. 티켓다방에서 일하는 탈북 여성들은 고용주에게 하루 3만 원을 입금하는 조건으로 비교적 '빚' 없이 자유롭게 일했고, 탈북인이라는 정체성을 전략적으로 앞세워 고객의 주의를 끌었다. 고객을 유치하는 과정에서 이들은 때로 지역 주민, 동종 업계의 중국 혹은 조선족 여성들과 갈등을 겪기도 했다. 서울에서는 노래방, 인터넷 애인 대행, 마사지숍 등 유사 성행위 업소에서 일하는 비율이 높았으며, 대부분 탈북인 정체성을 드러내지 않았다.

연구 참여자들의 진술을 종합해보면, 성 서비스 시장에서 일하고 있는 탈북 여성들은 주로 자신이 하고 있는 '일'에 대한 당위성을 구축하는 방식으로 수치심을 축소하고 있었다. 또한 이들은 그런 일을 하는 것이 가족의 여성 구성원으로서 당연한 희생이라고 인식하거나, 생존이 어려운 한국 사회에서 가난한 탈북인끼리 사기를 치는 것보다는 성매매가 상대적으로 더 윤리적이라는 가치판단으로 자신의 성 서비스 활동을 정당화했다.

15
남북 여성, 새로운 여성 문화의 가능성

재구성된 북한 여성 섹슈얼리티의 의미

북한 여성들은 고난의 행군이라는 장시간에 걸친 사회적 변화에 대응하면서 남성을 대신해 경제 활동을 담당하고 규범을 뛰어넘는 성적 주체로 (재)구성되었다. 여성들의 성적 경험이 확대되면서 전통적인 성 규범에 균열이 일어났고, 시장화라는 사회경제적 격변 속에서 (재)구성된 성적 주체들은 사적 욕망과 이익을 앞세우는 파편화된 개인이 되었다. 북한 사회의 역사적 흐름 속에서 구성되어온 북한 여성들의 섹슈얼리티는 크게 세 가지 의미를 함축한다.

첫째, 북한 여성의 섹슈얼리티는 북한 사회의 가부장 질서를 온전히 드러내는 현실이자 표상이었다. 가부장 문화는 남성 중심의 시선으로 성을 규정하고 규율하여 여성의 몸을 통제한다. 이러한 섹슈얼리티의 특성이 강하게 드러난 지점 중 하나는 혼인이라는 영역이었다. 중매결혼이 일반적인 북한 사회에서 여성들이 중매인을 비롯해 다른 사람들에게 좋은 평판을 얻으려면 자신이 남성에게 순종적인 여성이라는 점을 강조해야 했다. 그리하여 간부, 당원 등 성분이 좋은 남편을 원하는 결혼 적령기의 여성들은 전략적으로 자신의 순종적 이미지를 내세웠다. 이러한 결혼 문화는 국가 권력이 강조하는 '남녀평등', '인간해방'이라는 슬로건과 모순되는 현상이었다. 북한에서는 남녀가 평등한 결혼도, 신분을 뛰어넘는 결혼도 거의 불가능했다.

둘째, 북한 여성의 섹슈얼리티는 남성 중심 질서를 지지해온 내구성 있는 통치 기제였다. 국가 건설기 북한의 지배 권력은 서로 모순되는 남녀평등 기획과 가부장 질서를 사회주의의 집단성을 강조하는 데 활용했다. 권력은 여성에게 남성 노동자와 동등한 노동자 지위를 부여해 여성 노동력을 활용하는 동시에 모성 담론을 강조하며 여성들이 희생적인 어머니가 될 것을 주문했던 것이다.

셋째, 고난의 행군 이후 변화한 북한 여성의 섹슈얼리티는 집단주의 사회에 저항하고 사적 이익을 추구하는 개인의 소환 가능성을 의미한다. 1990년대 중반부터 경제난과 식량난으로 지속된 고난의 행군은 여성의 의식과 삶의 양태 그리고 규범을 바꾸었다. 이 시기에는 여성들이 가족의 생존을 책임지게 되면서 억척스러운 여성상이 부상했다. 남성들은 무기력한 모습을 보이며 외도 등 일탈 행위에 빠져드는 경우가 많았다. 이러한 현상은 사적 관계와 성 규범에 균열을 일으켰다. 여성들은 생존과 욕망을 추구하면서 성적 실천을 확대했고 기존의 성 규범을 넘어서는 모습을 보였다. 경제적 이익을 취하기 위해 중국을 넘나들며 권력을 가진 남성과 의례적인 관계를 맺기도 했는데, 대부분 그러한 행위를 가족의 생존을 위한 수단으로 인식할 뿐 일탈로는 보지 않았다. 이러한 변화는 북한 사회의 성 규범을 완전히 전복시키지는 않았지만, 자신의 이익과 욕망을 우선시하는 파편화된 개인의 등장을 이끌어냈다.

새로운 여성 문화를 향해

북한 여성들은 고난의 행군이라는 절체절명의 위기를 자신들이 생존의 주체로 나설 수 있는 기회로 만들었다. 그들은 경제 활동을 통해 전통적 가부장 질서에 균열을 만들어내고 있다. 그러한 양상은 공간 경험을 통해 확장성을 지니게 되었다. 오늘날 북한 여성의 현대적 이미지를 대표하는 인물은 리설주와 김여정이다. 이들이 집권자의 아내와 여동생이라는 사실은 여전히 남성 권력자를 숭상하는 여성의 모습을 표상하지만, 다른 한편 두 여성의 이미지는 자본주의식 자기계발의 주체라는 새로운 여성의 모습을 선보이고 있다. 오늘날 북한 여성들은 이러한 이미지를 적극적으로 수용하고 있는데, 이 과정에서 현대적 이미지를 체현한 여성들은 400개가 넘는 장마당에서 주류를 이루는 행위자며 북한의 여성 문화를 이끄는 주체로 활약 중이다.

이러한 변화는 남북 여성이 함께 문화와 일상을 나눌 수 있는 새로운 국면을 상상할 수 있게 한다. 미투운동 등을 통해 여성주의적 인식을 확장하고 있는 남한 여성들과 전통적 규범을 깨며 개인을 전면에 등장시키고 있는 북한 여성들의 실천이 만들어낼 충돌과 합의를 상상해볼 수 있는 것이다. 남북 여성들의 활발한 논의와 교류는 통합 사회의 생경한 풍경이자 함께 하며 나아갈 여성 문화의 큰 원동력이 될 것이다.

북한 권력은 "이 세상 부럼없어라"라는 국가적 슬로건을 삼 대째 이어가며 내세우고 있다. 그런 세상에서는 모두가 평등한 주체로 인정받아야 하지 않을까? 그러나 김정은 시기에도 국가 건설기부터 주장해온 남녀평등 사회의 온전한 실현은 구현되기 어려울 것이다. 북한의 남녀평등 이념은 근본적으로 성인지에 대한 이해를 구하거나 여성해방을 지향하는 차원이 아닌, 권력 중심의 통치 질서 속에서 대상화되어왔기 때문이다. 또한 북한 여성들은 식량난을 견뎌온 생존 경험을 통해 개인을 우선시하면서 몸에 대한 국가 권력의 개입에 저항하는 태도를 길러왔기 때문이다. 따라서 김정은 시기 북한 여성들의 삶의 경향은 국가와 타협하는 의례적 관계와 개인을 우선시하는 전략이 공존하는 이중적 특성을 갖게 될 것이다.

여성 연구자의 관점에서 조심스레 예견해본다면, 남한 여성들과 북한 여성들의 조우는 기존 남남북녀의 신화와 관련하여 마찰과 새로운 쟁점을 만들어낼 것이다. 한국 사회에서 살아가는 탈북 여성 대다수는 남한 여성을 이기적이고 과격한 여성주의자들로 오해하기도 한다. 그도 그럴 것이 지난 70여 년간 가정의 꽃, 사회의 꽃, 나라의 꽃으로 불려온 북한 여성들은 성 역할을 차별이 아닌 규범으로 인식해왔기 때문이다. 이러한 북한 여성들과 남한 여성들의 인식과 실천이 만들어낼 충돌과 합의는 미래의 과제이자 새로운 문화적 도전이 될 것이다. 이 여성들은 분단이 만들어낸 문화의 '고갱이'[141]이기 때문이다.

141　사물의 핵심이 되는 부분을 비유적으로 이르는 말이다.

참고 문헌

1. 기본 자료

김일성, 『김일성 선집』, 1권, 평양: 조선로동당출판사, 1954.

_____, 『김일성 저작집』, 1권, 평양: 조선로동당출판사, 1979.

_____, 『김일성 저작집』, 2권, 평양: 조선로동당출판사, 1979.

_____, 『김일성 저작집』, 7권, 평양: 조선로동당출판사, 1979.

_____, 『김일성 저작집』, 8권, 평양: 조선로동당출판사, 1979.

_____, 『김일성 저작집』, 9권, 평양: 조선로동당출판사, 1979.

_____, 『김일성 저작집』, 15권, 평양: 조선로동당출판사, 1979.

_____, 『김일성 저작선집』, 1권, 평양: 조선로동당출판사, 1969.

_____, 『김일성 저작선집』, 3권, 평양: 조선로동당출판사, 1969.

_____, 『사회주의 경제관리 문제에 대하여』, 평양: 조선로동당출판사, 1970.

김정일, 『김정일 선집』, 14권, 평양: 조선로동당출판사, 2012.

2. 단행본

강미라, 『몸 주체 권력: 메를로퐁티와 푸코의 몸 개념』, 서울: 이학사, 2011.

강운빈,『인간개조이론』, 사회과학출판사 편, 서울: 조국, 1989.

강흥수, 김명석, 김영숙,『항일의 녀성영웅 김정숙어머님 혁명력사: 중학교 4
학년』, 평양: 교육도서출판사, 2003.

고미숙,『한국의 근대성, 그 기원을 찾아서: 민족 섹슈얼리티 병리학』, 서울:
책세상, 2001.

고수실, 정혜수, 리장호,『공산주의 도덕: 고등중학교 2학년』, 평양: 교육도서
출판사, 2002.

과학백과사전출판사 편,『조선말사전』, 2판, 평양: 과학백과사전출판사, 2004.

과학원 력사연구소 근세 및 최근세사연구실 편,『력사논문집 4: 사회주의 건
설 편』, 평양: 과학원출판사, 1960.

과학원 언어문학연구소 사전연구실 편,『조선말 사전』, 동경: 조선민주주의인
민공화국 과학원출판사, 1965.

국사편찬위원회,『북한관계사료집 5: 법제 편』, 서울: 국사편찬위원회, 1992.

권용우, 김영규,『북한민법연구』, 서울: 신양사, 2004.

권헌익, 정병호,『극장국가 북한: 카리스마 권력은 어떻게 세습되는가』, 파주:
창비, 2013.

김경숙,『철학연구 2』, 평양: 과학백과사전 종합출판사, 1997.

김광수, 리정호,『위대한 령도자 김정일 원수님 어린 시절: 소학교 3』, 평양: 교
육도서출판사, 2005.

김남식 외,『해방전후사의 인식』, 5권, 서울: 한길사, 1989.

김동선,『생물: 고등중학교 5』, 평양: 교육도서출판사, 1999.

김두섭 외,『북한 인구와 인구센서스』, 대전: 통계청, 2011.

김병로,『북한, 조선으로 다시 읽다: 북녘에 실재하는 감춰진 사회의 심층 분
석』, 서울: 서울대학교출판부, 2016.

김성보,『북한의 역사 1: 건국과 인민민주주의의 경험 1945~1960』, 서울: 역

사비평사, 2011.

김연철,『북한의 산업화와 경제정책』, 서울: 역사비평사, 2001.

김영천,『질적연구방법론 1』, 서울: 문음사, 2006.

김영희,『개인 상공업의 사회주의적 개조 경험』, 평양: 사회과학출판사, 1987.

김완설, 허의명, 김룡택,『공산주의 도덕: 고등중학교 6학년』, 평양: 교육도서
출판사, 2002.

김은실,『여성의 몸, 몸의 문화정치학』, 서울: 또 하나의 문화, 2001.

김재용,『북한 문학의 역사적 이해』, 서울: 문학과지성사, 1994.

김정본, 강운빈,『미학개론』, 평양: 사회과학출판사, 1991.

김종회 편,『북한 문학의 이해』, 4권, 서울: 청동거울, 2007.

김준엽, 김창순, 이일선,『북한 연구 자료집1』, 서울: 고대아세아문제연구소,
1969.

김태현, 노치영,『재중 북한이탈 여성들의 삶』, 서울: 하우, 2003.

김학이,『나치즘과 동성애』, 서울: 문학과지성사, 2013.

남북하나재단,『2017 북한이탈주민 통계』, 서울: 남북하나재단, 2018.

남인숙,『남북한 여성 그들은 누구인가』, 서울: 서울신문사, 1992.

류승일, 신광혁,『선군: 사랑의 정치』, 평양: 평양출판사, 2010.

류종훈,『탈북 그 후, 어떤 코리안』, 서울: 성안북스, 2014.

리경혜,『여성문제 해결경험』, 평양: 사회과학출판사, 1990.

리기섭,『조선민주주의인민공화국 법률제도(로동법제도)』, 평양: 사회과학출판
사, 1994.

리기성, 정영필, 오일선, 홍명순,『인구학개론』, 평양: 과학백과사전종합출판
사, 1993.

리홍종,『녀성들의 공산주의 품성』, 평양: 로동신문 출판인쇄소, 1960.

림이철, 최금룡,『선군조선의 오늘』, 평양: 평양출판사, 2007.

민병천 외,『북한학 입문』, 서울: 들녘, 2001.

박경숙,『북한사회와 굴절된 근대: 인구, 국가, 주민의 삶』, 서울: 서울대학교
　　　출판문화원, 2013.

박경애,『반석으로 빛내이신 한생』, 평양: 조선로동당출판사, 2012.

박명규 외,『2015 통일의식조사』, 서울: 서울대학교 통일평화연구원, 2016.

박상태,『인구사상과 인구정책』, 서울: 서강대학교출판부, 2007.

박정순,『대중매체의 기호학』, 서울: 커뮤니케이션북스, 2009.

박현선,『현대 북한사회와 가족』, 파주: 한울아카데미, 2003.

백재욱,『천리마 운동은 사회주의 건설에서의 우리당의 총로선』, 평양: 조선로
　　　동당출판사, 1965.

북조선인민위원회사법국,『북조선법령집』, 평양: 북조선인민위원회사법국,
　　　1947.

북한 사회과학원 편,『야담삼천리: 북한 말투 그대로 쓴 우리 옛이야기』, 서울:
　　　현암사, 2000.

북한 사회과학원 철학연구소,『철학사전: 북한 주체철학』, 서울: 도서출판 힘,
　　　1988.

북한연감간행위원회,『北韓總鑑: 1945~68』, 서울: 共産圈問題硏究所, 1968.

북한연구소,『북한총람: 1983~1993』, 서울: 동아출판사, 1994.

─────,『북한 가족법과 가정실태』, 서울: 은창문화사, 1991.

─────,『北韓總監』, 서울: 北韓硏究所, 1983.

북한연구학회 편,『북한의 군사』, 서울: 경인문화사, 2006.

북한연구학회 편,『북한의 여성과 가족』, 서울: 경인문화사, 2006.

사회과학원,『사회주의적 생활양식을 확립할 데 대한 우리당의 정책』, 평양:
　　　사회과학출판사, 1975.

사회과학원 언어학연구소,『조선말대사전』, 평양: 사회과학출판사, 1992.

사회과학출판사,『총대철학』, 평양: 사회과학출판사, 2003.

서동만,『북조선사회주의 체제성립사: 1945~1961』, 서울: 선인, 2005.

서동진,『자유의 의지, 자기계발의 의지: 신자유주의 한국사회에서 자기계발 하는 주체의 탄생』, 파주: 돌베개, 2009.

서재진,『또 하나의 북한사회: 사회구조와 사회의식의 이중적 연구』, 서울: 나 남출판, 1995.

세종연구소 북한연구센터 편,『북한의 사회문화』, 파주: 한울아카데미, 2006.

손봉숙,『북한의 여성생활』, 서울: 한국여성정책연구소, 1991.

양운덕,『미셸 푸코』, 서울: 살림출판사, 2003.

양해림 외,『섹슈얼리티와 철학』, 서울: 철학과현실사, 2009.

역사문제연구소 편,『1950년대 남북한의 선택과 굴절』, 서울: 역사비평사, 1988.

연세대 대학원 북한현대사연구회,『북한 현대사 1: 연구와 자료』, 서울: 공동 체, 1989.

윤미량,『북한의 여성정책』, 파주: 한울아카데미, 1991.

윤인진,『북한이주민: 생활과 의식, 그리고 정착지원정책』, 서울: 집문당, 2009.

윤택림,『문화와 역사 연구를 위한 질적연구 방법론』, 서울: 아르케, 2004.

이금순,『북한 주민의 국경이동 실태: 변화와 전망』, 서울: 통일연구원, 2005.

이민룡,『김정일체제의 북한군대 해부』, 서울: 황금알, 2004.

이배용 편,『통일을 대비한 남북한 여성의 삶의 비교』, 서울: 이화여자대학교 한국여성연구원, 1997.

이석,『1994~2000년 북한기근: 발생, 충격 그리고 특징』, 서울: 통일연구원, 2004.

이우영,『전환기의 북한 사회 통제 체제』, 서울: 통일연구원, 1999.

이화여자대학교 통일학연구원 편, 『선군 시대 북한 여성의 삶』, 서울: 이화여
　　　자대학교출판부, 2010.

임순희, 『북한 여성의 삶: 지속과 변화』, 서울: 해남, 2006.

임순희 외, 『2016 북한이탈주민 경제사회 통합실태』, 서울: 북한인권정보센
　　　터, 2017.

임지현 편, 『대중독재: 강제와 동의의 사이에서』, 서울: 책세상, 2004.

임흥군, 『흔들리는 북한군: 핵 정신력을 말하는 세계 5위 북한군의 실체』, 서
　　　울: 신서&생명의숲, 2005.

장석, 『김정일 시대의 조선, 오늘과 래일』, 평양: 평양출판사, 2002.

장인숙 외, 『2016 북한이탈주민 정착실태조사』, 서울: 남북하나재단. 2017.

전상인, 『북한 가족정책의 변화』, 서울: 통일연구원, 1993.

전영선, 『북한의 정치와 문학: 통제와 자율 사이의 줄타기』, 서울: 경진출판,
　　　2014.

전현준, 『북한의 사회통제 기구 고찰: 인민보안성을 중심으로』, 서울: 통일연
　　　구원, 2003.

정영철 외, 『북한 인구의 동태적 및 정태적 특징과 사회경제적 함의』, 서울: 한
　　　국보건사회연구원, 2011.

조선로동당 중앙위원회 당력사연구소, 『조선로동당략사』, 평양: 조선로동당출
　　　판사, 1979.

조선로동당출판사, 『불굴의 혁명투사 항일의 녀성 영웅 김정숙 동지』, 평양:
　　　조선로동당출판사, 1979.

————————, 『우리나라 사회주의 제도의 우월성』, 평양: 조선로동당출
　　　판사, 1968.

조선중앙통신사 편, 『조선중앙년감 1950』, 평양: 조선중앙통신사, 1950.

————————, 『조선중앙년감 1952』, 평양: 조선중앙통신사, 1952.

_____,『조선중앙년감 1959』, 평양: 조선중앙통신사, 1959.

_____,『조선중앙년감 1963』, 평양: 조선중앙통신사, 1963.

조선화보사,『조선의 어머니 김정숙 동지』, 평양: 조선화보사, 1997.

조일호,『조선가족법』, 평양: 교육도서출판사, 1958.

조정아 외,『북한 주민의 일상생활』, 서울: 통일연구원, 2008.

조정아 외,『북한 주민의 의식과 정체성: 자아의 독립, 국가의 그늘, 욕망의 부
　　　상』, 서울: 통일연구원, 2010.

조한범, 양문수, 조대엽,『북한의 체제 위기와 사회갈등』. 서울: 통일연구원,
　　　2010.

조혜종,『새 인구론: 인구의 공간적 · 사회적 접근』, 서울: 푸른길, 2006.

좋은벗들 편,『사람답게 살고 싶소』, 서울: 정토출판, 1999.

직업동맹출판사,『천리마 기수독본』, 평양: 직업동맹출판사, 1963.

최완규 편,『북한도시의 위기와 변화: 1990년대 청진, 신의주, 혜산』, 파주: 한
　　　울아카데미, 2006.

최철웅,『총대철학』, 평양: 사회과학출판사, 2003.

최청호 편,『북한사회주의 건설의 정치경제』, 서울: 경남대학교 극동문제연구
　　　소, 1993.

통일부,『2000 북한개요』, 서울: 통일부, 1999.

통일부 통일교육원,『북한이해 2010』, 서울: 통일부 통일교육원, 2010.

통일연구원,『2009 북한개요』, 서울: 통일연구원, 2009.

_____,『북한인권백서 1998』, 서울: 통일연구원, 1998.

한국정신문화연구원 편,『북한해방 8년사 연구』, 서울: 백산서당, 1999.

_____,『북한현대사 문헌연구』, 서울: 백산서당, 2001.

한성훈,『전쟁과 인민』, 파주: 돌베개, 2012.

한인영, 구혜완,『북한이탈주민 여성의 성인식 관련 기초조사』, 서울: 집문당,

2014.

홍성민, 『취향의 정치학: 피에르 부르디외의 「구별짓기」 읽기와 쓰기』, 서울: 현암사, 2012.

3. 논문

강성률, 「동아시아 영화의 다양한 양상들: 영화가 탈북자를 다루는 시선들」, 『현대영화연구』 제12권 (2011): 5~31.

강윤희, 「소비에트와 포스트 소비에트 러시아의 젠더 재구성: 여성성과 남성성의 변모를 중심으로」, 『슬라브학보』 제21권 4호 (2006): 195~226.

강진웅, 「북한의 가족국가 체제의 형성: 국가와 가족, 유교문화의 정치적 변용을 중심으로」, 『통일문제연구』 제13집 2호 (2001): 323~346.

김누리, 「해방적 상상력: 마르쿠제의 해방담론」, 『브레히트와 현대연극』 제12권 (2004): 390~416.

김대년 외, 「북한 주민의 주거생활실태와 주거행동에 관한 연구」, 『한국가정관리학회지』 제17권 4호 (1999): 221~238.

김석향, 「남녀평등과 여성의 권리에 대한 북한당국의 공식담론 변화: 1950년 이전과 1979년 이후 『조선녀성』 기사를 중심으로」, 『북한연구학회보』 제10권 1호 (2006): 25~51.

김석향, 권혜진, 「고난의 행군기 이후 북한당국의 여성담론 분석」, 『통일정책연구』 제19권 2호 (2009): 153~185.

김성경, 「'젠더'화된 '장소'로서의 북·중 경계지역: 북한이탈여성의 경험과 현상학적 인식」, 『한국사회학회』 제6호 (2012): 191~209.

김숙이, 『20~30대 '매춘여성'의 생애 이야기: 생존전략과 경계넘기의 행위성을 중심으로』, 박사학위논문, 서울대학교, 2015.

김영규, 「최근 남북한 가족법의 변모와 그 접근가능성」, 『법학논총』 제20집 (2008): 21~55.

김영선, 「결혼·가족담론을 통해 본 한국식민지 근대성의 구성 요소와 특징」, 『여성과 역사』 제13집 (2010): 131~172.

김용화, 「성매매 여성의 탈성매매 지원 방안에 관한 연구」, 『성균관법학』 (2010): 45~75.

김윤영, 「북한의 범죄 실태와 보안(경찰)기관의 대응책」, 『교정담론』 제3권 1호 (2009): 1~26.

김은실, 「대중문화와 성적 주체로서의 여성의 재현」, 『한국여성학』 제14권 1호 (1998): 41~47.

김재엽 외, 「탈북여성의 유흥업소 및 성매매 유입의 위험요인과 보호요인」, 『사회과학연구』 제21권 1호 (2013): 76~113.

김종수, 「북한 '속도전 청년돌격대'에 관한 연구」, 『동아연구』 제53집 (2007): 357~384.

김창순, 『북한의 '전국어머니대회'에 관한 연구: 어머니의 역할과 역할변화를 중심으로』, 석사학위논문, 북한대학원대학교, 2006.

김홍중, 「서바이벌, 생존주의 그리고 청년 세대: 마음의 사회학 관점에서」, 『한국사회학』 제49집 1호 (2015): 179~212.

김화순, 전태국, 「탈북인의 신민적 정치참여」, 『통일과 평화』 제10권 1호 (2018): 317~370.

남석주, 「소비에트 정권 초기의 여성 문제」, 『슬라브학보』 제16권 1호 (2001): 415~447.

박광준, 오영란, 「중국 계획출산 정책의 형성 과정」, 『한국사회정책』 제18권 4호 (2011): 203~235.

박기순, 「푸코의 헤테로토피아 개념: 문학적 기원에 기초한 미학적 해석」, 『한

국미학회지』제83권 1호 (2017): 105~141.

박영숙 외, 「탈북자 면접을 통한 북한주민의 건강과 식품섭취 실태 탐색」, 『대한지역사회영양학회지』제2집 3호 (1997): 396~405.

박영자, 「선군시대 북한여성의 섹슈얼러티 연구: 군사주의 국가권력의 성정체성 구성을 중심으로」, 『통일정책연구』제15권 2호 (2006): 129~161.

박현선, 「경제난 이후 북한 가족의 사회연결망 강화전략」, 『한국문화연구』제2권 (2002): 141~171.

_____, 『현대 북한의 가족제도에 관한 연구: 가족의 사회적 재생산과 가족제도의 관계를 중심으로』, 박사학위논문, 이화여자대학교, 1999.

변혜정, 「성적 거래의 변형과 확산의 정치학: '성교 없는 성상품' 업소(자유업)에서의 거래 경험을 중심으로」, 『한국여성학』제25권 3호 (2009): 109~149.

서동진, 「자기계발하는 주체의 해부학 혹은 그로부터 무엇을 배울 것인가」, 『문화과학』제61호 (2010): 37~54.

연희원, 「다윈생물학의 남성중심주의 비판: 여성주의 시각에서의 철학적 비판」, 『범한철학』제36권 1호 (2005): 283~310.

오원환, 『탈북 청년의 정체성 연구: 탈북에서 탈남까지』, 박사학위논문, 고려대학교, 2011.

유정희, 「세계화 시대 유럽의 이주여성」, 『여성과 역사』제9권 (2008): 195~229.

이나영, 「급진주의 페미니즘과 섹슈얼리티: 역사와 정치학의 이론화」, 『경제와 사회』제82호 (2009): 10~36.

이희영, 「섹슈얼리티와 신자유주의적 주체화: 대중 종합여성지의 담론 분석을 중심으로」, 『사회와 역사』제86호 (2010): 181~219.

임혜란, 이미경, 「북한의 젠더불평등과 국가역할: 남북한 비교의 관점에서」, 『동북아연구』 제14권 (2009): 347~385.

전경남, 「북한의 영재교육」, 『한국학연구』 제48권 (2014): 243~265.

정세진, 「90년대 북한 경제난의 정치사회적 함의」, 『국제정치논총』 제40집 1호 (2000): 283~301.

정진상 외, 「북한의 인구구조에 관한 분석」, 『북한연구학회보』 제7권 1호 (2003): 5~38.

조영주, 『북한 여성의 실천과 젠더 레짐의 동학』, 박사학위논문, 이화여자대학교, 2012.

한인영 외, 「북한이탈여성의 성 지식 실태 연구」, 『한국심리학회지: 여성』 제15권 1호 (2010): 87~102.

한정숙, 「소비에트 정권 초기의 가족·출산정책: 현실과 논의들 - 특히 1920년대 낙태 문제를 중심으로」, 『서양사연구』 제43권 43호 (2010): 33~78.

함혜현, 「이상성욕 범죄자의 심리적 특성과 처우 방안」, 『한국범죄심리연구』 제6권 2호 (2010): 263~286.

홍인숙, 「봉건 가부장제의 여성 재현: 조선후기 열녀전」, 『여성문학연구』 제5권 (2001): 276~303.

Andrieu, Bernard. "Les Rayons du Monde: L'espace Corporel Avec Merleau Ponty," eds. P. Nabonnand et D. Flament. *Série. Documents de travail*, MSH EHESS Paris, EHESS (2007): 175~183.

Arendt, Hannah. "On Violence." *The New York Review of Books*. Vol. XII, No. 4, 1969.

Foucault, Michel., "The Subject and Power," *Critical Inquiry*, Vol. 8, No.

4 (1982): 777~795.

4. 번역서 및 외국 문헌

関川 夏央, 『마지막 신의 나라 북조선』, 서울: 연합통신, 1993.

Althusser, Louis., 『재생산에 대하여』, 김웅권 옮김, 서울: 동문선, 2007.

Arendt, Hannah., 『전체주의의 기원』, 1권, 이진우, 박미애 옮김, 파주: 한길
사, 2006.

Armstrong, Charles K., 『북조선 탄생』, 김연철, 이정우 옮김, 파주: 서해문집,
2006.

Austin, J. L., 『말과 행위: 오스틴의 언어철학, 의미론, 화용론』, 김영진 옮김,
서울: 서광사, 1992.

Barker, Chris., 『문화연구사전』, 정영희, 이경숙 옮김, 서울: 커뮤니케이션북
스, 2009.

Barthes, Roland., 『현대의 신화』, 이화여자대학교 기호학연구소 옮김, 서울:
동문선, 1997.

Bourdieu, Pierre., 『구별짓기: 문화와 취향의 사회학』, 상권, 최종철 옮김, 서
울: 새물결, 2005.

Bristow, Joseph., 『섹슈얼리티』, 이연정, 공선희 옮김, 서울: 한나래, 1996.

Butler, Judith., 『젠더 트러블: 페미니즘과 정체성의 전복』, 조현준 옮김, 파주:
문학동네, 2008.

Chatman, Seymour Benjamin., 『이야기와 담론: 영화와 소설의 서사구조』,
한용환 옮김, 서울: 고려원, 1991.

Colomina, Beatriz 편, 『섹슈얼리티와 공간』, 김영옥 외 옮김, 파주: 동녘,
2005.

Darwin, Charles Robert., 『인간의 유래와 성 선택』, 서울: 지식을 만드는 지식, 2010.

_____, 『종의 기원』, 이민재 옮김, 서울: 을유문화사, 1983.

Engles, Friedrich., 『가족 사유재산 국가의 기원』, 김대웅 옮김, 서울: 아침, 1989.

Figes, Orlando., 『속삭이는 사회』, 김남섭 옮김, 서울: 교양인, 2013.

Foucalt, Michel., 『성의 역사 2: 쾌락의 활용』, 문경자, 신은영 옮김. 파주: 나남출판, 2004.

_____, 『담론의 질서』, 이정우 옮김, 서울: 서강대학교출판부, 2005.

_____, 『감시와 처벌: 감옥의 역사』, 오생근 옮김, 파주: 나남출판, 1994.

_____, 『헤테로토피아』, 이상길 옮김, 서울: 문학과지성사, 2014.

_____, 『미셸 푸코, 섹슈얼리티의 정치와 페니미즘』, 황정미 편역, 서울: 새물결, 1995.

Freud, Sigmund., 『정신분석 입문』, 오태환 옮김, 부산: 선영사, 1986.

Fromm, Erich., 『자유에서의 도피』, 이상두 옮김, 서울: 범우사, 1999.

Giddens, Anthony., 『현대 사회의 성 사랑 에로티시즘: 친밀성의 구조 변동』, 배은경, 황정미 옮김, 서울: 새물결, 1996.

_____, 『현대사회학』, 개정 5판. 김미숙 외 옮김, 서울: 을유문화사, 2009.

Henri, Lefebvre., 『현대세계의 일상성』, 박정자 옮김, 서울: 기파랑, 2005.

Lincoln, Bruce., 『신화 이론화하기: 서사, 이데올로기, 학문』, 김윤성 외 옮김, 서울: 이학사, 2009.

Lorber, Judith., 『젠더 불평등: 페미니즘 이론과 정책』, 최은정 외 옮김, 서울: 일산사, 2005.

Lukács, György., 『역사와 계급의식』, 박정호, 조만영 옮김, 서울: 거름, 1986.

Marcuse, Herbert., 『에로스와 문명』, 김종호 옮김, 서울: 양영각, 1982.

Marx, Karl., Engels, Friedrich., Lenin′, Vladimir Il′Ich., Stalin, Iosif Vissarionovich.,『여성해방론』, 조금안 옮김, 서울: 동녘, 1988.

McLaren, Angus.,『피임의 역사』, 정기도 옮김, 서울: 책세상, 1998.

Merriam, Sharan B.,『정성연구 방법론과 사례연구』, 강윤수 외 옮김, 서울: 교우사, 2005.

Millett, Kate.,『성의 정치학』, 상권, 정의숙, 조정호 옮김, 서울: 현대사상사, 1976.

Oksala, Johanna.,『HOW TO READ 푸코』, 홍은영 옮김, 서울: 웅진지식하우스, 2008.

Reich, Wilhelm.,『성혁명』, 윤수종 옮김, 서울: 중원문화, 2011.

_____,『파시즘의 대중심리』, 황선길 옮김, 서울: 그린비, 2006.

Rosenberg, Chanie.,『소련여성과 페레스트로이카』, 최광렬 옮김, 파주: 한울, 1991.

Adorno, Theodor W., Frenkel-Brunswik, Else., Levinson, Daniel., Sanford, Nevitt, *The Authoritarian Personality*, N.Y.: Harper&Brothers, 1950.

Althusser, Louise., *Lenin and Philosophy and Other Essays,* trans. Ben Brewster. Monthy Review Press, 1971.

Cohen, Albert K., *Deviance and Control*, N.J.: Prentice-Hall, 1966.

Eberstadt, Nicholas., Eberstadt, Nick., Banister, Judith., *The Population of North Korea*, Berkely: University of California Press, 1992.

Foucault, Michel., *Discipline and Punish: The Birth of the Prison*, trans.

Alan Sheridan. London: Penguin Books, 1997.

_____, *The History of Sexuality*, volume 1: An Introduction, trans. Robert Hurley, N.Y.: Vintage books, 1990.

_____, The History of Sexuality, volume 2: The use of Pleasure, trans. Robert Hurley, N.Y.: Vintage books, 1990.

Genette, Gérard., *Narrative Discourse,* trans. Jane E. Lewin, N.Y.: Cornell University Press, 1980.

Goffman, Erving., *Frame Analysis: an Essay on the Organization of Experience*, M.A.: Harvard University Press, 1974.

Hawkes, Gail., "A Sociology of Sex and Sexuality, and Women's Lives," eds. Richard G. Parker, John H. Gagnon, *Conceiving Sexuality*, N.Y.: Routledge, 1996.

Larrain, Jorge., *The Concept of Ideology*, Georgia: University of Georgia Press, 1979.

Lober, Judith., *Paradox of Gender*, New Haven: Yale University Press, 1994.

Malthus, T. R., *An Essey on the Principle of Population*, London: J. Johnson, 1978.

Marx, Karl., Engels, Friedrich., *The German Ideology*, N.Y.: International Publshers, 1970.

Naiman, Eric., *Sex in Public: The Incarnations of Early Soviet Ideology*, N.J.: Princeton University Press, 1997.

5. 기타 자료

『데일리 NK』, 2009년 10월 26일.

『동아일보』, 1997년 4월 2일.

『로동신문』, 1951년 3월 9일.

_____, 1997년 12월 24일.

_____, 1998년 5월 26일.; 10월 19일.

_____, 1999년 9월 28일.

_____, 2002년 11월 25일.

_____, 2007년 3월 8일.

『민주조선』, 1991년 5월 23일.

『세계일보』, 1996년 1월 4일.

『자주민보』, 2011년 4월 3일.

『정로』, 1946년 2월호.; 12월호.

『조선녀성』, 1946년 9월호(창간호). MF 477.

_____, 1947년 2월호. MF 477.; 9월호. MF 478.; 12월호. MF 478.

_____, 1950년 4월호. MF 512.

_____, 1956년 1월호.; 3월호.; 4월호.; 8월호.; 9월호.

_____, 1957년 2월호.

_____, 1958년 1월호.; 2월호.; 10월호.; 11월호.

_____, 1959년 2월호.

_____, 1960년 7월호.

_____, 1964년 12월호.

_____, 1965년 5월호.; 7월호.; 10월호.

_____, 1966년 1월호.

_____, 1999년 3월호.

_____, 2001년 9월호.

_____, 2012년 2월호.; 3월호.

_____, 2013년 4월호.

『연합뉴스』, 2001년 12월 4일.

_____, 2004년 2월 11일.

_____, 2014년 8월 14일.

『인천일보』, 2017년 10월 30일.

『중앙일보』, 2013년 2월 22일.

KBS 뉴스, "'티켓 다방'의 탈북 여성들 … 성매매까지", 2015년 11월 28일.

TV조선 뉴스판, "성매매 탈북 여성 티켓다방 실태", 2017년 1월 26일.

CINCUNC, John Colles, NARA. RG 338 Box 611, 문서번호 338,039, "ROK (Police Shoot Civil Prisoners). in Mass Execution", 1951년 12월 9일.

United States Army, Far East Command, Allied Translator and Interpreter Section(ATIS), Box 9, item 54, enclosure no. 2, translation no. 417.

색인